钱平雷 著

上海科学技术文献出版社
Shanghai Scientific and Technological Literature Press

图书在版编目(CIP)数据

居家养老解困记/钱平雷著. —上海：上海科学技术文献出版社，2017
ISBN 978-7-5439-7497-5

Ⅰ.①居… Ⅱ.①钱… Ⅲ.①养老—社区服务—研究—中国 Ⅳ.①D669.6

中国版本图书馆CIP数据核字(2017)第168105号

责任编辑：王　珺
封面设计：许　菲
插　　图：蔡康非

居家养老解困记
钱平雷　著
出版发行：上海科学技术文献出版社
地　　址：上海市长乐路746号
邮政编码：200040
经　　销：全国新华书店
印　　刷：常熟市文化印刷有限公司
开　　本：787×1092　1/32
印　　张：6
字　　数：92 000
版　　次：2017年8月第1版　2017年8月第1次印刷
书　　号：ISBN 978-7-5439-7497-5
定　　价：25.00元
http://www.sstlp.com

前言

徐　超[*]

上海采取了"9073"的养老体制政策,即"90%家庭自我照顾居家养老、7%社区居家养老服务、3%机构养老"的养老服务格局。原来3%机构养老是指将老人送入专业养老院之类的养老机构,这个容易理解,而7%社区养老服务,是指占全市7%比例的低保、低收入老人社区居家养老服务,由市政府出台补贴政策,购买服务。剩下90%"家庭自我照顾为基础"的绝大多数的老人,主要就请你们自己解决困难吧!目前的状态是市区的养老机构一床难求,郊区的养老机构,市区的老人由于种种原因,不愿意去。政府部门也发现依靠行

---

[*] 徐超,海阳集团董事长兼总经理;上海市楼宇科技研究会老年用房及其设施专业委员会主任。

政命令要各个区完成养老机构的床位实际上根本没有完成。而广大居家养老的老人几乎没有人来给你提供在家养老的条件。政府虽然了解这个情况,但是按照目前的管理体制,也处于力不从心的情况。各级政府、社团和老百姓为此都很焦虑,也探索出许多好的办法。在我们上海,从媒体上得知人们想出了许多好的办法,如"时间银行""长者照护之家""社区为老服务中心""为老人送餐",还有"医养结合的试点"等等,但是这些好的方法,如果单独运用,总有这样那样的不足。目前以"长者照护之家"呼声最高,据说年内要普及到全市各小区。但如果仔细考虑一下,它的实现之路是非常坎坷的,一是去哪儿搞那么多的房子?二是每一个小区都设置"小型养老院",老百姓的观念还跟不上,他们有些人抵制救护车、殡仪车的经常光临。三是"长者照护之家"是一种"救急"的机构,况且目前可居家养老服务的日常困难,不能发挥足够的支撑作用,提供服务的项目还是有限的。目前对养老问题最为关注或者说不安的来自那些居家养老的老人和他们的子女们。

如果将上述好的方法整合起来,形成制度、规范,乃至标准,很可能就是一条有效的出路。《CCHC 持续照料社区居家养老模式服务管理标准1.0》(下简称《标准1.0》)就是探索中的一条有希望可形成体系的路子。

CCHC是海阳集团在中国国情条件下，摸索数年后，创新探索出来的一种居家养老的新模式。在此过程中，有不少创新的理念和做法，服务水准也不断提升。为此，俞正声、韩正二位市委书记先后专程到海阳调研。国务委员王勇带领民政部部长等人前去视察，他们都对海阳的做法予以充分的肯定。

上海市楼宇科技研究会三年前就对"居家养老保障支撑体系"做过专题研究，并取得阶段性成果，这次与我们海阳集团结合，就编写出了《标准1.0》。《标准1.0》主要包括：核心理念、服务管理体制和制度、服务内容、服务标准和操作标准，以及提供服务各种硬件的标准等，共计约五十万字。

它的核心理念就是："居家养老，是指坚持党的领导，由政府主导和社会参与，以家庭为核心、以社区为依托、以专业化服务为依靠，所形成的一种带有社会性的养老方式。各方形成合力，共同为居住在家的老年人提供以解决日常生活困难为主要内容的社会化服务事业。"

CCHC居家养老模式服务管理体制，可以概括为："小机构、大社区、全天候、零距离"。具体的构造框架模型是：三级网络、四级平台；即市、区、街道（社区）三级网络，市、区、街道（社区）、居委四级平台。

在《标准1.0》中，服务内容主要包括生活照料、餐饮服务、医疗服务以及精神关爱服务等。硬件包括居家养老的家庭住宅的适老性改造，区、社区、居委三级平台的建筑、设施，以及各种居家养老体系中的相关设备、设施等。这个标准对所有的居家养老的老人做到了"全覆盖"，使每个有老人的家庭，变成了"家庭养老院"，使居家养老真正成为90%以上老人最受欢迎的养老形式。

《标准1.0》还显示了围绕着CCHC居家养老模式，一条新兴的产业链正在形成之中，同时对一些传统行业诸如物业管理、建材市场，也带来了转型的机遇。

由于《标准1.0》是一个复杂的系统工程，并具有一定的科技含量，很难用简单的语言就被大多数人所轻易理解。为此我们将《标准1.0》的主要内容用非虚拟科普小说《居家养老解困记》来予以阐述和诠释，试图让读者在轻松阅读小说的过程中,对 CCHC 体系有一个从感性到理性的全面认识,以期待获得更多人的理解,从而支持和参与"居家养老"这件涉及千千万万老百姓家庭幸福和社会安定的大事。

居家养老解困记

一

最近,郭星浩、宋春芬夫妇心里烦透了,他们遇到了让这对在朋友圈子以"能干"著称的伉俪,也实在无法招架的困难。郭星浩的岳父,即宋春芬82岁的老父亲宋建良中风后留下了后遗症,需要每周去XX医院的康复科理疗2次。由于他们都有繁忙的工作在身,而且两家路途较远,实在没有能力每次都赶去陪同老人看病,但也没有其他人能够持续帮助他们。为此,他们通过许多途径寻找出路,至今还没有找到理想的办法,已经身心疲惫了。

事情是这样的,宋春芬82岁的老父亲宋建良先生中风后,虽然医院抢救及时,脱离了生命危险,但落下了半身瘫痪,右手和右腿都不听使唤了。他们住在H区的一处6层新公房的4楼,这里原来是沿着内环线建造

的小区，如曲阳小区、田林小区一样，4楼算是最好的楼层，还是因为宋先生是先进工作者照顾他分配给他家的。可如今由于没有电梯，上下楼成了宋老先生最大的负担，因为按照中国的习惯，人们上下楼是靠右侧行走的，楼梯的扶手也是按照这个原则设置的。可是宋老先生偏偏右手没有劲，抓不住扶手，所以每周两次上下楼去XX医院做康复治疗，成了他们家很大的负担。他平时就与77岁的老伴陈颖一起生活，他们的独生女儿宋春芬与女婿郭星浩、10岁的外孙郭松滨住在位于C区的一栋高层建筑里。现在他们的小外孙松滨平时就让远从哈尔滨赶来的亲家母，已经年逾古稀72岁的张燕霞来照顾，其实她也很不习惯上海炎热的气候。而她的老伴郭景武因为要帮助在美国定居的宝贝女儿，即郭星浩的姐姐郭月艳照顾外孙女爱丽丝，不远万里赴美"探亲"去了，每年倒有大半时间住在洛杉矶。

老宋发病是在早晨8:30左右，此时他的老伴陈颖正在楼下小区的绿化地，与一班邻居老姐妹跳"广场舞"健身，她们用已经过时的卡式录音机播放着浓烈的乐曲，合着节拍跳得如此投入，有时顾不得四周居民对她们带来噪声的埋怨。偏偏宋老先生感到不适，赶紧给

她打电话，手机的铃声，她也自然也听不见了。等到她9:00回到家中，发现老宋已经晕倒在地上，不省人事。于是她大呼小叫，惊动邻里，打120叫来救护车，幸亏XX医院就在附近不远处，还算及时，加上医护人员的医术高明，老宋的命是救了回来，但留下的残疾，也只能慢慢地进行康复调养了，据医生说，这是一个漫长的过程。"不幸之中大幸"，能活下来就算万幸了，无论是老宋本人，还是全家人都是这么想的。

宋建良、陈颖夫妇虽然年龄不小，但他们的独生女儿宋春芬却也只有38岁，是他们俩结婚较晚的原因。宋建良原是位于H区一家建筑机械厂的工程师，而陈颖则是兄弟厂厂校的一位老师。宋建良主攻机械专业，陈颖是语文教师。当年宋建良所在的工厂，女同志稀少，因此也特别吃香。作为男职工的宋建良是山东籍人士，老家在烟台，读大学来的上海，在上海几十年了，还是一口浓烈的胶东口音，于是对象也就更难找了，后经人介绍，与比他小5岁的陈颖老师谈了近2年的恋爱，才结了婚，1年后生下了女儿宋春芬。由于陈颖还担任了班主任，尽管当时还是允许生二胎的，但他们也没有精力再生第二个孩子。

转眼间，宋春芬也已经从财经学院毕业了，财经学院女同学比例较高，她也没有在学校里找过男朋友。宋建良后来当了车间主任，从自己车间中物色到一名来自东北哈尔滨的助理工程师郭星浩。郭长得高大英俊，人又聪明豪爽，除了陈颖这位丈母娘很是满意，春芬本人对郭也是一见钟情，因此郭也很快成了宋家的乘龙快婿。他们把小家安置在位于Y区一个多层建筑的5楼的一套2室一厅的新公房里，这是当初小宋父母给他们买的二手房。后来建筑机械厂转型关闭了，郭星浩则被位于嘉定安亭为某汽车发动机厂搞配套的公司招去，不久就成了业务骨干。他买了一辆桑塔纳轿车，每天往返于安亭与上海之间，为了节约在路上的时间，他们小两口把房子买在了C区，这样可以避免每天穿越交通繁忙的市中心区。后来宋春芬也把自己的工作单位找到了位于古北新区的一家公司里，由于她的努力和勤奋，没过多久也成了那家公司的财务主管。他们位于Y区的房子则出租了，所得租金用来补充C区高层建筑房子的每月不菲的按揭贷款。

结婚第二年，他们就有了爱情的结晶——儿子郭松滨——松是宋的谐音，也意喻松花江，滨是哈尔滨的简称，小两口为了为儿子取名，花了不少功夫。为了支持小辈的工作，宋建良、陈颖老两口，在他们虽然已经退休，但还精力充沛的情况下，推掉了一切外聘的机会，全身心地担负起抚养小外孙的职责。郭星浩、宋春芬夫妇也因此可以全身心投入到自己的工作。只是到了周末，他们才回到H区老人的家中，共度天伦之乐。但是一转眼将近10年过去了，老人的体质每况愈下，愈发力不从心，他们才把孩子带回自己家。本来郭星浩、宋春芬夫妇在上海都属于中产阶级，薪酬不低，可以请人带孩子。但C区的房子房价不低，他们还要还房贷。如果请保姆，薪酬也不会太低，他们又怕保姆的文化水平低，宁可每月付出不低的"学费"，让孩子去参加各种"补习班"。因此经济负担不轻。

偏偏在这个时候，二位在H区的老人已经不能帮助带孩子，还要他们腾出精力来照顾二老。除了饮食，眼下岳母还能应付，而诸如把岳父弄去看病、洗澡之类，需要"力气"的事情，就望"夫"兴叹了。如要让她陪他下楼看病，更是无能为力了。而这些，小两口应该是责无旁贷的，但实际上他们也是心有余而力不足啊！即使为老人家请个全职保姆，对于退休较早，又都是从企业退休的老宋夫妇,养老金偏低,也是力不从心的。让小辈资助,他们也于心不忍,况且,他们的经济负担也不轻啊!即使请了保姆,让其服侍老人去看病、洗澡之类事情,她恐怕也是吃不消的,更不要说把老宋"弄"到楼下去做康复治疗。像他们小辈还在上海,都如此,人家更多的孩子在外地的,甚至海外的"空巢老人"的日子怎么过啊?为此,小两口就把相对年轻的郭母从东北"请"来,带孙子。不过,北方人对"孙子"是很重视的,也认为带孙子是男家天经地义不可推却的职责。所以她也不管自己也年事已高,不顾一切赶来上海"抱"孙子来了。

二

如今陈颖也已经接近筋疲力尽了,她除了准备一日三餐外,还要照顾老宋的起居和康复。因为除了医院里的康复,还有吃药、按摩等家中的"功课"需要亲属协助,这让77岁的老妪实在是力不从心,况且她自己也有高血压等慢性病在身。如今每天早晨的大妈广场舞,已经是离她远去的事情了,她哪还有时间和雅兴啊?尽管邻里关系不错,居委会也知道老宋家的困难,他们甚至动员志愿者来家帮忙,但别人只能帮助一时,不能帮助一世啊!郭星浩、宋春芬夫妇也在担心她的健康,如果一旦她也累得倒下,那更是雪上加霜了!上海不是有个"9073"的养老体制政策吗?这是郭星浩、宋春芬夫妇以前根本没有关心过的政策,如今不得不让他们面对现实了。

他们开始从网上研究起"90%家庭自我照顾居家养老、7%社区居家养老服务、3%机构养老"的"9073"养老服务格局。原来3%机构养老是指将老人送入专业

养老院之类养老机构，这个容易理解，而7%社区养老服务，原来是指占全市7%比例的低保、低收入老人群体社区居家养老为依托的老人的养老事宜，由市政府出台补贴政策，购买服务。不过能否享受这种待遇，是要经过专业机构进行评估后，才能决定。剩下90%"家庭自我照顾为基础"的绝大多数的老人，主要就请你们自己解决困难吧！既然"家庭自我照顾为基础"居家养老已经不适合我们家的情况，那就先寻求7%社区居家养老服务的路子吧！于是他们走访了街道民政科，民政科的同志非常同情他们家的现状，很快地请来专业机构的专家对他们家的情况进行了科学的评估，令人遗憾的是，他们的结论是老宋家不符合享受7%社区居家养老服务设定的条件，其中最主要的一条，他们的经济条件超过了标准，况且他们也不是孤老，还有小辈在本市。前两条路走不通，看来只有寄托在3%机构养老这一条路上面了。离老宋家公共汽车三站路的地方倒是有一家公办的养老院，里面有200张床位，住进去的老人每月交3000元的费用，这对老宋的养老金而言，能够承受，还略有结余，但问题是里面已经是人满为患，处于只有一位老人去世，才能腾出一个床位，让另一位老人入住的紧张状况。所以目前采取登记制度，按照排下来的进度预计，等到让老宋住进去要到2020年以后了，显然远水救不了近火，到时候人在不在都不可预测。据说，在C区还有几家民营的养老院，价钱虽然稍贵，但也还能够接受，但其紧张程度与公办的养老院也基本不相上下。

老人的问题让郭星浩、宋春芬夫妇焦头烂额，他们的苦恼引起了同事、朋友们的广泛同情，因为他们也有老人，有些自己也快到退休，马上也会面临同样的养老困惑。宋春芬的一位同事小李告诉她，他的母亲也因中风，需要理疗，经人推荐，住进了上海远郊J区的一家公办的护理院，已有数年。让郭星浩、宋春芬夫妇不妨去那里看看。于是在一个星期六的早晨，由郭星浩驾驶车，开了一个多小时，到了已经靠近浙江的地方，才寻找到了一处花园式的医院——XX护理院。说它是医院，因为里面设施很齐全，有抢救室、X放射科、药房、化验室等他们找到了二楼小李母亲的病房，房门口有好几位垂着头，无精打采坐着轮椅的老人。房间里面有5张床位，小李母亲精神尚可，神志也清晰。当听说郭星浩、宋春芬夫妇是为老宋来物色养老的场所，就暗

示他们，这里并不合适。因为小李父母家就在J区，小李的爸爸身体还算健康，还能不时来探望老伴，送一些她喜欢吃的饭菜食品。而你们家离这里这么远，虽然说人民广场隔天有班车，但从H区到人民广场还要换乘两趟车呢！如果每个星期来探视，恐怕你们的母亲经受不了。这里虽然说能够用公费医保做理疗，但有些"医疗过度"，抽血、体检、理疗的频率太高了些，让老人有点吃不消。正说着，隔壁传来凄惨的啼哭声，大概又有一位老人去世了。此时此景，郭星浩、宋春芬夫妇不约而同打消了让父亲来这里的念头。

在返程中，他们看见位于Q区的一条大路旁，有一处打着大广告，欢迎老人及其家庭入住的"老年公寓"招商的高档养老机构。从外表看，真是赏心悦目，雄伟的建筑，门前一个大的喷水池，正在随着优美的乐曲，喷射着带有花式的水柱。大院里面鸟语花香，亭台楼阁，假山盆景、小桥流水，一应齐全。看着如此优美的环境，不要说老人，就是他们的子女也愿意在这里生活。他俩跑进招商大厅打听"行情"，里面没有动静，很是冷清。一位穿着套装裙的中年崔姓女士，和颜悦色地从小房间里走出来，迎接他们。她拿了一份广告，告诉他俩，这里是某金融机构开发的养老房地产项目，与上海某大医院合作经营，到这里来接受理疗，可以用医保。等到一问入住条件，小两口马上倒吸了一口冷气。崔女士说，这里实行会员制，每一位入住的老人先要办一张会员卡，价格是100万元一张。如果老伴也一起入住，可以优惠，两张180万元。至于日常生活费用，每人还要交10000元／月，其他要求的特殊服务另算。此时，学财经出身的宋春芬迅速地转动起脑子，这180万元的现金哪儿来啊？父母是企业退休的，养老金对付日常生活足够有余，但拿他们的积蓄来付入住这里的会员费，相差甚远。而自己眼下还在还C区房子的贷款，孩子的教育费用也不少。目前值钱的就是房子了，虽然父母家与自己合起来倒有三套房子，如果卖掉一套，估计可以到达180万元，但剩下的两套都是小套，每一套都无法满足三代人居住的条件，如果二老偶然从养老机构回来，就没有地方住了，而且将来自己的公婆很可能是要到上海来养老的，因为小郭的姐姐在美国，他们只有靠郭星浩了，尤其是北方人更讲究男孩子管父母。加上每月还要20000元的月费要交呢！这里哪是我们这种家庭能够承受得了的？我们是开着桑塔纳的工薪阶层，拿着企业退休养老金的家庭,可不是这类养老机构的客户啊!于是他们一边感谢崔女士热情的介绍,一边说还要回去商量,两个人如同逃跑一般,从大厅退了出来,崔女士送到门口,还挥手喊道:"价格是可以商量的啊!"显然,这里的招商经营情况惨淡,因为它脱离了大众消费的能力,况且还远离上海市区,这是当下普通上海市人比较难以接受的养老场所。

一圈跑下来,看来3%机构养老的路子也走不通了,全家陷入了无奈的境地。看来眼下只能接受"自我照顾居家养老"的方式,可是谁来帮助解决我们的困难啊!

三

这一轮跑下来,让郭星浩、宋春芬夫妇不仅身心疲惫,甚至还有点沮丧。但是眼下陪同老父亲每周去做2次理疗的困难,还是没有得到解决。小两口商议每人每周各请假半天,但这也不行啊!对郭星浩来说,他的工作单位在安亭,如果上午由他陪老丈人去看病,下午再赶去安亭,恐怕已经是2点多了,这请事假让单位怎么计算?而对宋春芬来说,要将父亲从四楼扶下楼来,再坐上轮椅,光凭她一个女同志,力气也不够啊!母亲已经77岁,能够自己上下楼已经很不容易了,让她帮忙就过分了。于是前一段时间,他们就求爷爷告奶奶,让亲朋好友来帮忙,一眨眼,周边的亲友、邻居都几乎轮过了。居委会也动员志愿者来支援过,可是身强力壮的志愿者,多半是有本职工作或者在读的学生,他们不可能请了假,一直来帮忙的,而且这毕竟也不是长久之计啊!

"如果能够让爸爸在家里做理疗该有多好啊!"郭星

浩、宋春芬夫妇也这么憧憬过。但是眼下这一点还做不到，虽然当地开始提倡居民与该社区的卫生中心的全科医生签订协议，让医生在固定时间上门来为老人服务，但老宋的理疗是需要一些专用器材和设备的，而这些设施由于价格不菲，一般家庭很难自备，而且体积较大，重量不轻，他们家的面积也无法安装这些机械设备。目前也还没有便携式的小型器材可以替代。唯一可行的办法，还是本人到 XX 医院的康复科做理疗。

有一天深夜，郭星浩坐在床上看手机，他从网上查到上海有一种"长者照护之家"。网上介绍，这是从 2014 年下半年起，上海开始推出的一种新的养老服务模式，它是为老年人就近提供集中照护服务的社区托养设施，功能介于社区日间照料中心和敬老院、护理院之间，一般采取小区嵌入式设置，并辐射周边社区，既能提供短期住、养服务，又能提供日间照料服务，还能为居家养老提供专业服务和支撑。老人能在不离开熟悉的社区环境前提下，享受专业化养老服务，同时便于老人家属和子女日常探望。这种养老新模式已在首批 5 家街道试点基础上，扩展至目前全市已有 20 个街道开始筹建"长者照护之家"，未来几年将实现各街道全覆盖。

网上还说,"从服务功能上看,'长者照护之家'打通了'90'、'7'、'3'这三个板块(即90%老人在家庭养老、7%依靠社区养老、3%依靠机构养老的养老服务格局),实现了居家、社区、机构养老的融合。"据说,"长者照护之家"除了为周边小区部分失能、失智长者提供全日制托管服务,还为周边的居家长者提供健康监测、上门康护等拓展性服务;有需要的家庭还能分享家庭护老者技能培训等援助性服务。据测算,其专业服务可以辐射小区居家长者120—200户。

"真是太理想了!"当郭星浩看到这段报到时,不由自主地喊了起来,他顾不得宋春芬已经入睡,把她叫醒。小宋在埋怨他的同时,也坐了起来,探过脑袋,眼睛半醒半睡,朦朦胧胧地来看小郭的手机屏幕。当她看到这条消息后,也兴奋起来,刚刚的睡意全没有了。"太好了!我们明天早晨就去找街道,为爸爸申请'长者照护之家'的床位!"小宋也顾不得自己和丈夫明天还要上班呢!

第二天小两口分别向各自的单位请了事假,他们单位的领导也通情达理,准了他们的假,对他们家庭遇到的困难倒也挺同情的,因为平时他们可是兢兢业业的好

员工哦！当他俩从街道民政科出来的时候，又是一盆冷水从头浇到脚，"没有戏"！刚才，民政科的管副科长接待了他俩，告诉他们，长者照护之家在他们H区目前还是试点，只有一家，虽然褒贬不一，但大多数的居民还是欢迎的，可惜它不在我们社区附近。你们的老人眼下还无法解决。

管科长还介绍了目前的困境：首先最大的问题是如何去找这数百平方米的房子，况且，这些建筑还需要具备一定标准的设施和设备。其次，还有这"既有生活照料，又有医疗护理，可以覆盖从自理老人到重度失能失智老人全人群，提供照护预防，居家安养，日间照料，短期寄养，喘息服务，长期托养，全梯度服务"的理想的服务功能，是需要一大批具有专业知识和技能的员工来管理和操作的。这些人如今不知在哪里？管科长还叹着苦经，说有些居民观念也有问题，一方面要求政府赶快解决养老问题，另一方面，当养老机构设在他们生活的圈子里，就拼命地反对，他们觉得救护车、殡仪车经常"光临"，是不吉利的。真让他们两难啊！

正当郭星浩、宋春芬夫妇感到"山重水复疑无路"的困境时，没想到"柳暗花明又一村"的出路在前面等待着他们呢！

四

最先传来好消息的倒不是老宋可以入住什么养老机构，而是郭星浩、宋春芬夫妇处于Y区的那套已经出租的多层建筑，经过邻居们多年的奔走，加上上海市老年基金会、市老科技工作者协会等组织的呼吁，特别是从中央到地方各级领导对"老龄化"问题的高度重视，水到渠成，可以装电梯啦！这也是目前Y区为数不多的住宅盼到的"幸福"，降临在郭星浩、宋春芬夫妇的头上。用同事祝贺时开玩笑的语言来说，这叫"中头彩"啦！尽管他们也要付出一定的费用，但这是人们心甘情愿的呀！本来小两口也想到过，把父母弄到C区的高层建筑去住，那里自然有电梯。但C区的家附近没有具备像XX医院有康复科的医院，而且C区的房子还是什么"学区房"，松滨在一家什么"实验小学"上学，如果爷爷、奶奶都搬过来住，再加上外婆、外公也要来住，那就有点住不下了。老宋夫妇也不愿意去影响小外孙的正常生活。所以搬到C区的方案也因没有获得大家的一

致认同而被"否决"。把爸爸、妈妈搬到郭星浩、宋春芬夫妇处于Y区的那套已经出租的多层建筑的房子里,解决下楼的问题,无疑是解决了眼下小两口必须请假陪父亲做康复理疗的最大问题了。况且,在他们家一站路的距离,还正好有一家J大学的附属R医院,与xx医院一样同属三级甲等的医院,康复科的水平自然也不在话下。

正好最近政府在狠抓群租房的问题,他们那套出租的房子,曾经被前面的租客间壁成群租房,为此郭星浩、宋春芬夫妇还被街道房管办"请"去谈话,让他们督促"二房东"马上整改,但那个租客百般推脱,说什么困难。如今郭星浩、宋春芬夫妇有理由了,自己要住,所以那个租客也只好乖乖地把房子交了出来。

无巧不成双,郭星浩的父亲郭景武也快要回国了,在女儿那里待了已经半年了,如今说是在那儿探亲,实际上是与他的亲家在"轮岗",每天接送外孙女爱丽丝。按照美国的法律,小学生放学后,必须有大人看管,否则就是"违法"。他们的外孙女虽然出生在美国,名字叫爱丽丝,但她并不是"混血儿",她的父亲,也就是老郭的女婿王晓峰是北京人,因此外孙女在美国的正式学名,叫爱丽丝·王,尽管他们给了她一个完整的中国名字——王爱华,但入乡随俗,平时都叫她爱丽丝。王晓峰的父母亲都是北京一所大学的退休教授,在抚养第三代的义务上,"男女平等",两亲家达成"协议",每家每年必须在美国各呆上半年,以示公平。有几年王家借口有事走不开,使郭家在美国比王家待的时间来得长,如今"老郭头"也虚岁75岁了,老伴又要带孙子去了上海,他也与亲家挑明了,不管你们是不是教授,但孙辈孩子是大家共同的,两家必须遵循"每家半年"的约定。因为居住条件的原因,有时上午王教授两口子到达机场,老郭他们下午就回国了,所以王晓峰一边开车把岳父母送到机场,紧接着把父母亲就接回了家,两亲家几乎在机场候机楼里就把"换岗"手续办了。

其实郭星浩的父亲郭景武是个典型的东北大老爷们,本来在家中也不怎么做家务活,因为欢喜闺女才不得不去美国照顾外孙女,但做饭之类家务,他是不干的,而且也不会干。如今要回国,当然也必须随老伴在上海生活。趁着"老郭头"还没有回国,郭星浩、宋春芬夫妇做出了这样的决定:宋建良、陈颖老两口搬到Y区的房子里去住,而且老宋的户口也在Y区的房子里,因为这套房子本来就是他们为准备女儿结婚事先买下的，当时把宋建良的户口落到了这里，陈颖的户口仍旧留在H区。在上海人户分离的现象很普遍。但宋建良的党组织关系倒是还在H区的居委会党总支里。郭景武、张燕霞老两口带着孙子住在C区的高层建筑里。郭星浩、宋春芬夫妇就搬到位于H区宋建良、陈颖老两口原来住的房子里去住，因为H区和Y区是互相挨着的区，郭星浩有小车，照顾起来方便一些，叫得应。虽然小两口上班远了一些，但如今轨道交通四通八达，宋春芬稍微早起来一点时间，还是可以克服的。一对小夫妻对付四个老人和一个孩子，责任和负担都不轻啊！

当然如今马上住进刚刚被群租户住过的房子是不行的，总得重新简单装修一番吧！为此跑回Y区，到他们那个叫秋霞小区的房子的趟数与日俱增。以前他们只有为了收房费才偶然回来，如果租客准时把钱打入他们的银行卡，他们一般一年连一次都不来。今后这里可是需要常来常往的地方了。他们开始仔细打量小区的变化，确实变化不小，早年的树木都已经绿树成荫了，居民们都有休闲活动的场所和器材。各种车辆停放得整整齐齐，地上干净，各个部位和房子门前没有杂物堆放，邻

居们都显得很悠闲。据说秋霞小区是个市级文明小区，居委会和党支部也是当地CJW街道的优秀党支部和居委会，志愿者活动也开展得很活跃。原来变电站的房子已经变成了一栋小楼，据说，因为技术进步了，原来那种大型变压器已经淘汰，用更先进，只有一个小铁箱那么大的小型变压器替代。小楼的门口挂了一块牌子："上海海阳集团Y区CJW社区养老服务中心秋霞小区驿站"。哟！小区里还有养老服务机构？宋春芬不由自主地叫了起来。"走！去看看，究竟是什么单位！"小郭回应道。于是小两口就跨进了小楼的大门，里面一位47、48岁上下的女士带着微笑迎了上来。

"有什么事情需要我们帮助的吗？"对方先开了口，打了招呼。

五

这位女士就是CJW社区养老服务中心秋霞小区驿站的刘怡梅站长。前几年她从她所在的纺织厂买断了工龄下了岗。差不多时间丈夫梁嘉生也从无线电厂回了家,家庭生活发生了困难。按照当时政策,街道要为"双下岗"家庭中安排一个人有事情做,于是刘怡梅就干"9073"养老服务格局中7%社区养老服务的工作,就是由市政府出台补贴政策,购买服务为占全市7%比例的低保、低收入老人群体社区居家养老为依托的老人的养老事宜,即"一对一"的上门家政服务。在Y区,政府把这项工作交给了海阳集团集中管理,随着社会发展水平的提高,原来享受7%社区养老服务的老人越来越少了,海阳集团也与时俱进创建了"95002社区服务中心"——全新养老服务模式,被社会称为"没有围墙的养老院"。时任上海市委书记的俞正声同志专门到此视察,并予以肯定。后来,又进一步发展成为"95002智慧居家养老服务平台"。根据每位老人的需求,安装不同的IT终端产品,如紧急按钮、GPS定位器、老人跌倒主动报警器、远程无线血压仪等等,其中"居家宝"汇集了烟雾、煤气、生命活动感知报警、亲友一键通、生活服务求助等功能,当发生紧急、求助时,只要老人一按按钮,"95002"后台——一处看上去好像以前电话局总机间,许多女话务员每人隔成一小间,她们头戴耳机,对着话筒,不过如今还多了一个电脑的屏幕——立刻可以看到,向亲属或者其他相关方面发出消息或指令,使问题得到及时解决。后来,又逐渐发展到后台人员陪同卧床的老人可以"面对面"聊天谈心的功能性服务。这些引起了党和国家主要领导人的关注,国务委员王勇率领民政部部长等中央部门领导也来海阳集团进行了调研。刘怡梅由于对工作的认真投入,被选拔为"95002"后台的话务员。因此,她比较全面的了解居家养老的事情,从老人家庭到智慧居家养老有比较全面的感性认识。

当海阳集团推出CCHC("持续照料社区"的英文缩写)居家养老模式而建立"驿站"时,她被选拔为第一批站长。她的丈夫梁嘉生则被海阳集团下属的物业公司招聘成为一名电工,秋霞小区的物业就是他们公司入

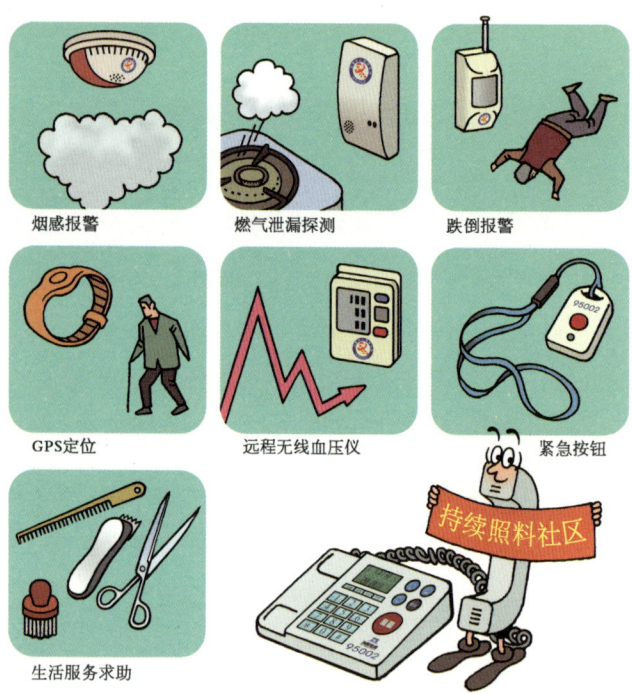

烟感报警　　燃气泄漏探测　　跌倒报警

GPS定位　　远程无线血压仪　　紧急按钮

生活服务求助

持续照料社区

驻管理的。当刘怡梅被调来这里当驿站站长时，梁嘉生的同事都与他俩开玩笑，说他们在秋霞小区开"夫妻老婆店"——这在以前是上海老百姓对弄堂口烟纸小店的别称。

刘站长先让郭星浩、宋春芬夫妇坐了下来，并且认真地听完小两口关于老宋情况和寻找养老出路过程的介绍。看着他们一脸的苦笑和无助的表情，刘站长高兴地告诉他们，在Y区，居家养老已经有了突破性的进展，探索出一条可以持续发展的路子，那就是CCHC居家养老模式已经有了一整套可以操作的标准啦！你们讲的困难，在标准里有相关服务项目都可以帮助解决，有些服务项目比你们考虑得还要周到，如你们要装修房子，适于老人居住，在标准中也有参考条文，那不是让一般设计公司和普通装修队所能掌握的科技水平。不过关于更深层次的问题，请移步到CJW社区养老服务中心去进一步了解吧！说完，她给CJW社区养老服务中心办公室的倪磊主任打了一个电话，汇报了这里的情况，倪主任表示同意立即接待郭星浩、宋春芬夫妇。CJW社区养老服务中心设在另一个名叫春蕾的小区里，与秋霞小区相距2站路。

于是小两口与刘站长道别，临走时，他们也在刘站长的陪同下"参观"一下"驿站"。这驿站虽然是个小楼，其实面积并不大，说是楼上楼下两层，总共面积大约在60多平方面左右，因为这里原来是个变电房。楼上前半间是"站长办公室兼卧室"，CCHC是全天候服务的体制，需要24小时随时为老人服务，所以要有人值班。晚上站长不办公时，这里就变成了卧室和夜间值班室。楼上后半间，是员工工作室，摆着两张写字台，一张是日常值班员的位子，一位叫吴慧英的35岁左右的女士，是值班员，她头上戴着耳机，正在接听一位老人家的家属打来的电话，说是想在家里为老人在床上洗个澡。那位吴女士一边听电话，一边用双手利索地按着电脑的键盘，记录对方的要求。坐在她对面的是一位26、7岁的小伙子，据刘站长称呼他小周，说他是F大学社会学系的硕士研究生，在这里一方面当志愿者，跑跑外勤，另一方面收集资料，准备硕士毕业论文。据说他的论文的名字就叫《以国际视野评述CCHC居家养老模式》。下了楼梯，就是楼下10来平方米的后半间，是仓库，一些常用但稍有价值的物品，就放置在这里。楼下的前半间就是接待室了，有20来平方米。左右两侧

放着可折叠的小沙发椅,用一些小茶几间隔。靠近门口是一张与门垂直摆放的写字台,两边各放着一把椅子,看来里侧一把椅子是驿站工作人员座位,外侧一张是来客的座位,这样可以面对面讲话。这里侧的墙边还整齐地堆放着两张折叠的长条桌和若干把折叠椅子。大概需要时,也可以摆放成小会议室了。"真是螺蛳壳里做道场!"宋春芬思衬着。

说话间,一位五十多岁,声音洪亮的大个汉子,走了进来,手里提了一个小箱子,对刘站长说道:"9号503室的赵老伯的头剃好了!"于是刘站长就把他介绍给了郭星浩、宋春芬夫妇,这是我们站的林忠德师傅,居民都叫他"阿德哥"。又对林师傅说:"这是8号楼501室的居民,他们的老父亲偏瘫,将要回到这儿来住了。"林忠德伸出壮实的大手与郭星浩握了一下手,嘴上说道:"以后有事就找我阿德哥!"郭星浩连忙回答说:"那是,那是,今后少不得麻烦您了。""没有事体!"这是阿德哥的一句"标志性"的口头语。说完话,拍拍自己的胸脯,然后他就坐在门口写字台里侧的那把椅子上喝水了,接着嘴巴里哼起了京剧的调子。

说起林忠德,也很有戏剧性,他祖父母亲和外祖父母都是从江苏镇江附近一个叫下蜀的地方到上海来谋生的,不要说他是生在上海的,就是他的父母也是生在上海的。下蜀虽说地处长江南岸,但它的方言口音却与北岸的扬州十分接近,同时饮食口味,也与扬州基本一致。老林对淮扬菜肴情有独钟,而且能吃,所以长得五大三粗,性格豪放幽默,从小喜欢滑稽戏,是姚慕双、周柏春、杨华生、袁一灵四大滑稽名家的忠实粉丝。他也很有模仿能力,因此什么戏曲,方言,他都能来两下,还喜欢讲戏话。他的"顶头上司"刘怡梅的名字怡梅,在吴越方言里,与"贤妹"是一样的。如今在一座小楼里工作,他把小楼说成是楼台,有一次梁嘉生有事去找刘怡梅,被老林看见了,就开起了玩笑,这个戏迷把越剧《梁山伯与祝英台》里"楼台会"的台词也用上了,大声喊道:"大家来看,梁兄到楼台看贤妹来啦!",接着还用绍兴方言念着台词:"梁兄请坐,贤妹请坐……"引得大家哈哈大笑。他对读书就不如对戏曲那样欢喜了,念完"文革"时期的高中,大学自然就无缘了,于是就在码头上班,当上了装卸工。下岗后,就与刘怡梅成为了同事。当这里驿站成立时,刘怡梅就向领导要求把他调来,主要跑外勤。说来也奇怪,刘怡梅看上去温和,却是一个外柔内刚并做事有原则的女性,老林在她手下服服帖帖,配合得很好。他俩加上楼上的吴慧英,就是这个驿站的全部正式编制的三位员工。虽然只有三人,但这里常常很热闹,因为有小周那样的志愿者"加盟",另外还有诸如社区的卫生中心全职医生和护士等社会服务的员工,也经常在此落脚,为居民服务。F大学的研究生小周在这里不仅完成了毕业论文,还收获了爱情。

告别了刘怡梅,郭星浩、宋春芬夫妇开着车来到了位于春蕾小区里的CJW社区养老服务中心办公室。

六

CJW社区养老服务中心所在的春蕾小区与新公房的秋霞小区不同，它是开发曲阳居住区的开发商与某中央企业共同开发的一处商品房住宅小区，它的全名叫"春蕾花苑"。小区里面主要是六幢18层小高层建筑。春蕾小区里除了住宅以外，还有若干配套建筑，其中就有一幢面积2500多平方米的"会所"，底楼还有裙房，面积大些，有近1000平方米，二、三楼则各为700—800平方米。按照开发商和设计者原来的设想，这里离开市中心较远，能够买得起商品房的居民，也有消费能力和文化休闲的需求，因此在会所里设立了各种娱乐设施和咖啡、茶室，当然这些消费都是有偿，是要付费的。但处在Y区的居民都有用上海话说"做人家"的习惯，他们尽管买得起房子，但让他们额外消费，暂时还是没有那个意愿。所以这里原来由物业公司经营管理的会所，就开不下去了。曾经还一度让KTV歌厅入驻，好景不长，一则夜晚歌声扰民，二则因为会所在小区内，随着居民私家车的数量与时俱进，下班回家停车与KTV歌厅顾客的外来车辆发生过不少冲突，所以KTV歌厅也无法经营下去，于是就关闭了。以后又借给一家餐饮服务开饭店，开始还可以，缓解了居民的吃饭的困难。但后来就不行了，因为如今人们对饮食业的卫生条件要求很高，尤其是如今CJW社区中心地区，是上海重点建设的商务区，各种价位的餐饮企业纷纷入驻，那里的管理也比较集中规范，所以周边居民一般都到那里去吃饭娱乐，开在这里的饭店，生意就清淡下来了，最终也只能自动退出了。

2500多平方米的"会所"空关在那里，实在太可惜了，正好上海市政府的事实工程的项目中，有要为老年人提供活动场所的要求，于是CJW社区就与会所建筑的产权单位商量，承租会所的底层作为春蕾小区的老年活动室，这样总比空关在那里要好吧？而且房子不用反而容易损坏。产权单位也出于社会责任的考虑，也就半送半卖地将底层出租给了CJW社区，但楼上两个层面依旧空关着。当Y区政府与海阳集团达成了协议，共同推行CCHC居家养老模式，在社区一级要建立CJW社区养老服务中心时，就想到了那个会所还有两个层面空

关着，倒是一个比较理想的场所，还可以与原来的老年活动室融为一体。于是就向产权单位把会所全部租了下来。如今会所大门的上方有显著的标牌：上海海阳集团Y区CJW社区养老服务中心。在大门的左侧的墙上还有一块金底红字的牌子，上面写着"上海市Y区CJW社区养老服务指导中心"。在大门右侧的墙上有好几块稍小的牌子，其中有一块是"F大学老年科学研究中心实习基地"，另一块是"J大学城市发展研究中心CJW社区实验点"。由于是车子开过，其他的牌子一下子也来不及仔细看。因为在白天，小区停车位空着很多，郭星浩、宋春芬夫妇开着车，很快地寻找到了停车位，然后走进了"CJW社区养老服务中心"。

CJW社区养老服务中心的倪磊主任在3楼办公，这座楼有三个层面，原来是没有电梯的，后来为了出租，就用安装观光电梯的办法，在建筑的左右两侧各安装了一台电梯，当他们走进底楼大厅时，从玄关那里的建筑平面示意图上，可以看出这第一层是一个集娱乐、餐饮、健身、医疗、社交等多功能为一体的老年活动中心。由于约好了会见倪磊主任，他们也顾不得仔细观察里面布局了，先按指示方向，匆匆踏进了位于建筑左侧到底的观光电梯里。

出了电梯,他们在电梯口的3楼房间示意图的指示下找到了305室倪主任的办公室,写字台后面站起一位身材在1.80米以上,年龄在40岁上下的中年男子,带着微笑迎了过来。小郭说:"您就是倪磊主任?"这位带着英气的帅哥回答道:"叫我小倪吧!"一边说着,一边伸过手来与小郭友好地握握手,见小宋也把手伸了出来,才轻轻地与这位女士握了一下手。瞬时间小两口就觉得与倪主任有一种未曾相识,又似相识的亲近感。倪主任说:"你们家的情况,刚才刘站长已经向我介绍了,你们的老父亲要到CJW社区的家中居家养老,我们表示欢迎!至于你们之前在其他区遇到的难题,我们这里经过摸索,已经找到了一种有效的模式,也就是CCHC居家养老的模式,基本都可以帮你们一起来克服。"又是一个"CCHC",小郭忍不住要问了:"究竟什么是CCHC?"从刘站长那里知道CCHC是"持续照料社区"的英文缩写,但到底是什么,小两口倒真有兴趣了解一下。

"啊!我忘了应该把CCHC的主要的内容先给二位介绍一下。"正说着,门又被推开了,一位年轻的姑娘,

大概是小许秘书,把头探了进来,说:"倪主任,常熟XX区的领导到了。"倪主任对二位说:"真对不起,刚才海阳集团的办公室来电话,说常熟XX区的领导带领各街道、乡镇的干部来考察CCHC模式,让我们帮助介绍一下,我因为事先不知道,所以答应刘站长让你们来了,如果你们对CCHC感兴趣,也邀请你们一起听。"小两口一听,正中下怀,因为这样的介绍肯定更加详细。

于是他们随倪主任走进位于三楼朝东端头的会议室。陪同常熟客人前来的海阳集团分管养老事务的朱总迎了上来,与倪主任打招呼后,便对常熟客人介绍了倪主任,说:"我们请CJW社区养老服务中心办公室的倪磊主任给大家介绍一下CCHC居家养老模式的概况!"在掌声中,倪主任一边走向位于屏幕左侧的讲坛,一边又与朱总咬了耳朵,在说什么话,朱总一边点头,一边友好地看着已经坐在会议桌座位后排的郭星浩、宋春芬夫妇,估计是倪主任向她汇报带进两个陌生人的原因。

倪主任一手拿着激光笔,一边用手扶了扶话筒,开始了他的介绍。

七

倪主任首先代表 CJW 社区养老服务中心孙际平总经理对常熟的客人们莅临中心表示热烈的欢迎，因为这项接待任务是今天才得知的，所以孙总仍旧按照事先安排出去了，他是跟随海阳集团的徐超董事长应四川省民政局的邀请去介绍 CCHC 居家养老模式并洽谈合作事宜去的。此时朱总插话了："我们事先不通知，就是要让客人们在你们没有准备的情况下看到真实的情况！"接着她幽默地开玩笑说："让你这位帅哥代表海阳集团介绍 CCHC 模式，更能体现海阳的形象！"她把倪主任说成是海阳集团"形象大使"，引得全场哄堂大笑，甚至还鼓起掌来。倪主任也让她说红了脸。其实朱总的话也没错，CJW 社区养老服务中心已经成为海阳集团对外宣传 CCHC 模式的一个窗口。

倪主任演讲用的 PPT 是海阳集团总部统一制作的，前些日子韩正书记等一行到海阳集团总部调研 CCHC 的模式，徐超董事长向他汇报用的 PPT 就是这个版本的

《1.0》原始版本,当时得到了韩书记的充分肯定,今天倪主任在对常熟客人介绍的内容,又在原始版本的基础上,与时俱进,对内容进行了更新和补充,成了《2.0》版本。如今大家有了手机,真是方便,郭星浩一边在听,一边也与常熟客人一样,不时把屏幕上播放的内容拍下来,以便回去后再细细琢磨。

PPT 的第一张就是本次报告的首页,报告的题目是《CCHC 持续照料社区居家养老模式》,下面还有一行英文:《The model of Continuing Care Home-based Community》,原来 CCHC 就是英文 Continuing Care Home-based Community 的缩写。郭星浩、宋春芬夫妇这才恍然大悟。倪主任接着说,CCHC 是我们海阳集团在中国国情条件下,摸索并创新数年后,探索出来的一种居家养老的新模式。我们走过了简单的"一对一"、"人盯人"服务式家政的上门服务,然后进入了以"智能—科技—智慧"为发展路径的"互联网+"为引领的养老模式,在此过程中,有不少创新的理念和做法,服务水准也处于不断提升的过程中。为此,我们海阳集团和徐超董事长获得了社会的广泛关注和不少荣誉。

倪主任曾经参与了这段光荣的创业史,他每次演讲

时都有一种自豪而激动的情绪。

在接下来的报告中，倪主任幽默地说道："CCHC不是像孙悟空那样突然从花果山里蹦出来的，他是我们徐超董事长在总结海阳集团养老事业发展过程中的经验和教训的基础上，考察了国内外养老模式，如加拿大的CCAC（Continuing Care Access Community）、美国的CCRC（Continuing Care Retirement Centre）等养老模式，又广泛地吸收了诸如复旦大学、上海市社科院、上海市楼宇科技研究会、上海市老龄化委员会等高校、研究机构和社团对居家养老问题的研究成果，还结合了中国的国情，提出的CCHC居家养老模式的理念……"

"在这里面我们尤其要感谢Y区的党政领导和民政局的同志们，给了我们非常有力的支持。我们不是在讲客套话，下面我会讲到CCHC的模式能够发展和存在的一个原因，就是Y区的各级党政领导高度重视社会老龄化所带来的民生问题，认识到这既是挑战，又是机遇。他们直接参与了居家养老模式的研究和实践，把上海市的有关养老政策和方针，落实到了实处。"倪主任的这段话显然是专门讲给常熟XX区的各级领导听的，但确实也是发自肺腑之言。

倪主任紧接着着重介绍了CCHC居家养老模式的核心内容。他说，首先要把"居家养老"的概念理清，我们不妨给它下个定义：**"居家养老，是指坚持以党的领导，政府主导和社会参与，以家庭为核心、以社区为依托、以专业化服务为依靠，所形成的一种带有社会性的养老方式。各方所形成的合力，共同为居住在家的老年人提供以解决日常生活困难为主要内容的社会化服务事业。"** 服务内容主要包括生活照料、医疗服务以及精神关爱服务。

接着他正式转入了对CCHC的论述。他说，CCHC居家养老模式服务管理体制，可以概括为：**"小机构、大社区、全天候、零距离"**。具体的构造框架模型是：**三级网络、四级平台**，即市、区、街道（社区）三级网络，市、区、街道（社区）、居委四级平台。如果有些是县级市，也可以是市、区、乡镇、村四级平台。PPT是以上海市的行政管理区域作为基准制作的。今后如果在不同行政级别省、市、县、区参照时，可以从实际出发，具体制定和设计当地的CCHC居家养老模式服务体制和标准。

至于三级网络、四级平台的构造，PPT分别放映出

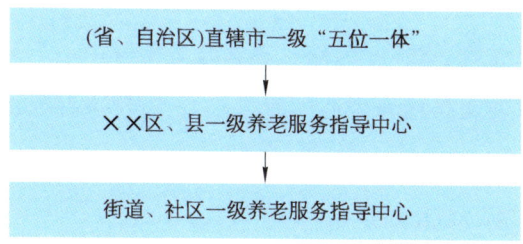

三张图片来说明问题：

第一张是《市、区、街道（社区）三级网络是：市一级养老供给体系、保障体系、政策支撑体系、需求评估体系、行业监管体系等"五位一体"的组织指导层面；区一级的养老服务管理委员会和街道（社区）一级的养老服务指导委员会三级网络示意图》；

"为了便于记忆，'三级网络'，各位领导只要记住**市级'五位一体'、区级'养老服务指导中心'和社区级'养老服务指导中心'**就可以了。"倪主任作为办公室主任，他知道，按照中国国情，官场里的人对官本位最为敏感，也记得最牢。

接着倪主任又插入四级平台的概念：

市、区、街道（社区）、居委四级平台是：以市民政局为党政领导的办事机构和老龄委等社团组成的志愿者组织平台；XX区CCHC综合养老服务总部；XX街道（社区）CCHC居家养老服务中心以及XX小区CCHC居家养老服务驿站。

倪主任又补充道："为了便于大家记忆，四级平台请大家就记住：**市级组织、区级总部、社区级中心和小区级驿站，就可以了。**"

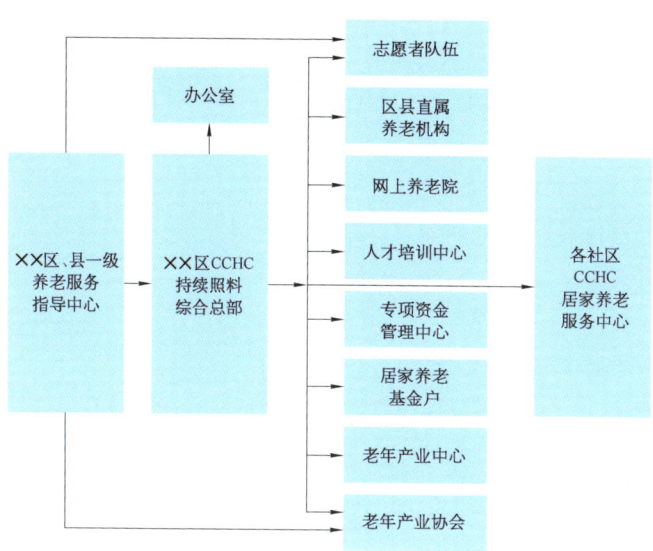

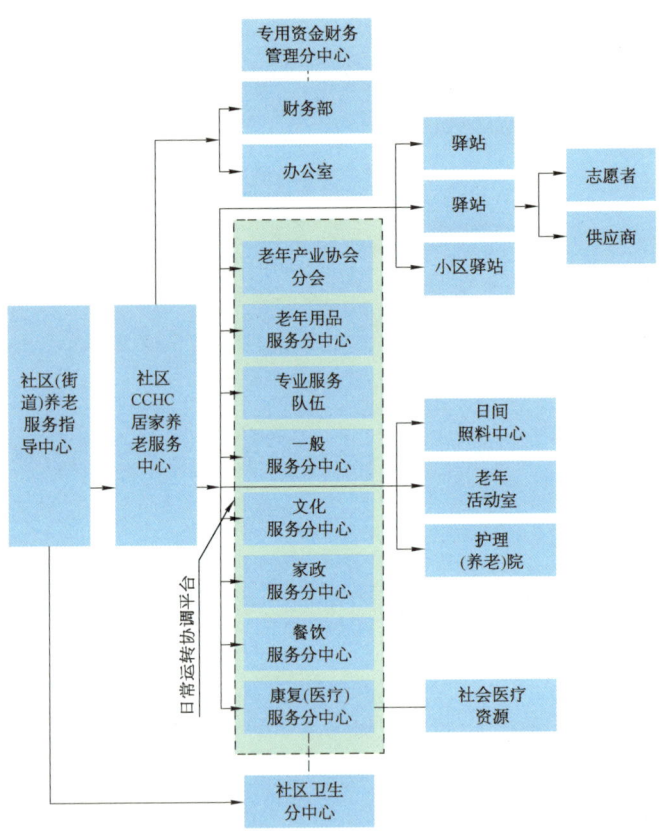

接下来是第二张:《区一级的养老服务指导中心和XX区CCHC综合养老服务总部结构示意图》;

第三张是《街道(社区)一级的养老服务指导中心、XX街道(社区)CCHC居家养老服务中心以及XX小区CCHC居家养老服务驿站结构示意图》。倪主任用手中的激光笔发出的红色点状光,指示着这些画面上的各种机构和功能,他说得那样地投入,没有注意到下面听众的情绪变化。

这三张图中的内容,不要说郭星浩、宋春芬夫妇,就是来自常熟的同志们,虽然他们的工作都与养老有些关系,但一下子接受这么多的新词汇、新概念,即使倪主任已经为他们概括出重点,但还是有点消化不了,为此他们交头接耳。此时,除了赶紧用手机拍下屏幕上的画面以外,其他似乎显得很无助的样子。

这时,朱总不愧为见过世面的人,她看出了场上的端倪,站起来笑眯眯地对常熟客人说道:"各位领导不要着急,先往下听,报告完后,我们还会陪你们参观楼下的机构,午饭后,还会陪你们参观一个驿站,再给你们一些海阳集团和有关CCHC的资料,看了这些,你们就会对CCHC有个基本的了解啦!这样可以放心了吧?"她的"及时雨"缓解了场上紧张的空气,大家情不自禁地鼓起掌来。但就这样,他们中有些人觉得还不过瘾,向朱总提出要 PPT 的拷贝,因为这本来是用来的宣传而制作的,"好的!"朱总也笑着点头表示同意了,现场又响起了一阵热烈的掌声。

八

因为时间有限,倪主任很会选择性针对"受众"对象不同来发言。因为下面都是领导,他们肯定对组织结构和自己在 CCHC 体系里将来可能担任什么角色更关心。所以他着重对三级网络、四级平台,尤其是三级网络做一个比较详细的解释。

在上海市一级,有一个养老供给体系、保障体系、政策支撑体系、需求评估体系、行业监管体系等"五位一体"的组织指导层面,这是第一级网络。这个网络其实是一个虚拟的网络,因为这些职能分布在许多委办局里,就是"医"和"养",也分别由计生委和民政局分管,要搞"医养结合"就要经市级主要领导协调才能实现,以市民政局为党政领导的办事机构和老龄委等社团组成的志愿者组织是第一级平台。

郭星浩是个来自东北的理工男,他思考问题比较直接,按照逻辑思维,专挑重点的记忆。当倪主任说到"五位一体"那些"体系",在小郭的脑子里出现的反应是:"那是'高、大、上'的东西,与我们关系不大。"他都懒得记忆。

随后倪主任说道:"由于'五位一体'的这些功能又是居家养老必不可少的,因此,具体如何贯彻和体现成了一个课题,我们认为,'五位一体'应该可以在区县一级进行统一协调。我们所在的Y区的领导就对此进行了专门的调研和研究,整合了各种社会资源,才形成了今天的局面。你们看,CCHC模式中,在区一级成立一个"XX区养老服务指导中心",由分管养老工作的区委副书记、副区长分别担任管委会的主任、第一副主任,也请人大、政协副职担任了副主任,民政局长则担任常务副主任。政府相关部门副主任、社会名流、企业代表、居民代表等担任委员。这就是第二级网络。下设"XX区养老综合服务总部"是第二级平台,具体由海阳为主经营管理业务,它的主任由管委会聘请、任命。"

对此,小郭认为与他也关系不大,因此也没往心里去。

"XX区养老综合服务总部"是一个法人单位,在这个平台上总部可以建立若干职能部门——网上养老院,把全区的老人都列入名单,便于统筹管理;人才培训中心，对各类人才进行专业培训；也可以设立全区统一的电话对讲服务站；还有专项资金管理中心，对包括居家养老基金会等各类资金进行管理。建立老年产业中心，来承担老年产业协会的功能，用松散或者契约合作的方式把一些企业、事业单位作为"XX区CCHC持续照料综合服务总部"的核心层和外围成员。总部也可承担对区直属养老机构的代管机构的功能。作为平台，一些比较重要的政府职能和社会资源可以在这里进行汇总和组合。

哎！这里可有与自己相关的东西了。小郭精神起来了，"网上养老院"是岳父、岳母要去登记的地方；"电话对讲服务站"可能也会与老丈人有关。"人才培训"与己无关，至于"专项资金管理中心"他也搞不清是什么东西，自己在家里不管经济，好像兴趣也不大。他悄悄地问妻子："那'专项资金管理中心'是什么机构？"此时他的妻子宋春芬凭着职业的敏感，也在琢磨，"专项资金管理中心"在管哪些钱？

倪主任还在滔滔不绝地说："据我所知，我们所在的Y区的'Y区养老服务指导中心'和'Y区养老综合服务总部'、当地XX社区的CCHC养老服务中心，目前还分散借用别的楼宇在办公，以后准备放在一起，按照'智慧楼宇'的建筑标准，在一块空地上建设一座楼宇，合为一体办公。"在这里倪主任又不经意地提出了一个"智慧楼宇"的新概念，在听众的脑海里又泛起一道波澜。

在简要地介绍区一级的 CCHC 的机构后，紧接着倪主任又介绍在社区、街道、乡镇一级 CCHC 的机构。他说，在街道一级也要成立一个"社区养老服务指导中心"——第三级网络。由街道党委副书记、街道副主任分别担任正副主任，社区有关负责人、社区居委会代表、居民中的退离休专家代表、居民代表组成。在社区、街道、乡镇一级建立诸如"XX 社区 CCHC 居家养老服务中心"，中心的总经理由社区养老服务指导中心提名，由运行商代表担任，报总部批准任命。

郭星浩、宋春芬夫妇才想起刚才看见大门左侧有金底红字"上海市 Y 区 CJW 社区养老服务指导中心"的标牌。"不过，在我们 CJW 社区，老年服务指导中心的主任委员是由街道党委一把手李书记亲自担任的，他对居家养老的事情非常重视。"倪主任又补充道。

"XX 社区 CCHC 养老服务中心"——第三级平台，

是倪主任最熟悉的事物了,他就在这级平台上工作。它是综合性的养老服务基地,在CCHC居家养老模式中,它才是具体为老人服务和管理的载体。当然里面有区总部派驻的各种老年服务和产品的分支机构或驻在员,如家政工作者管理分中心就是总部的派驻机构,它根据老人提供老人需求,派员上门服务。当然"中心"里餐饮、家政、医疗、老年用品服务功能等也不能少。这些带有某种功能性的分支机构,由于房源等原因,不一定就都设立在中心一座楼里面,可以通过不同契约的途径,以"互联网+"的方式下达各种指令,让他们为居家养老的老人送去产品和服务就可以同样达到目的,这些服务产品都可以"外卖",为"居家养老"者服务。"中心"还是有特色的老年活动场所。

这些内容是郭星浩、宋春芬夫妇在报告中最感兴趣的部分,因为这直接关系到他们的父母居家养老需要的支持和条件,他俩竖起耳朵仔细聆听。

同时根据"中国特色",里面还应有社区党组织、司法调解、志愿者的派出机构入驻。今后居住小区里的"托老所"、小型养老机构之类都可以列入"社区养老服务中心"(下称"中心")或简称服务中心的分支机构的

范畴或者接受"中心"的业务指导。倪主任觉得这些必须向来自常熟的领导们交待清楚。

倪主任还对"中心"的性质进行了分析："中心"采取了政府主导与市场规律相结合的经营模式即混合型企业作为CCHC模式重点研究。它的建设的投资可以允许跨部门、跨行业，既非政府机构，又非全是企业，是一种新的形式，研究和发展的对象。

聪明的郭星浩依此得出了结论：这一级也是一个虚实相结合的平台，但"实"的成分要大于"虚"的部分。是CCHC居家养老模式，最最"有实权"的一级机构。这CCHC体系的重头戏就在"中心"，它才是我们今后要依靠的地方！

对于常熟客人来说，这种政府部门、事业、企业合署办公的形式他们是熟悉的，有先例的，许多社区、乡镇的便民服务中心的建立设置就是这个格局。

最后，倪主任简单地介绍了处于第四级平台位置的驿站的功能，不过他强调："驿站是"中心"的派出机构，像我们CJW社区养老服务中心所在的春蕾小区，就不必再设立驿站了，小区里的老人和家属可以找"中心"的办公室，也可以直接与各个分支机构联系业务。

总之,一句话,CCHC模式顾及了97%不进养老机构居家养老的老人的后顾之忧。具体情况还请各位接下来去实地参观指导。"倪主任的"专业"报告终于结束了。

郭星浩、宋春芬夫妇和常熟客人在倪主任的"谢谢大家!"的结束语中,吃力地听完了介绍,因为脑海里一下子灌进了太多的新词汇,但不管怎么说,倪主任还是完整地阐述了CCHC概念的精华。难怪常熟来的最大领导钟区长,还要说,感谢倪主任给我们作了"精彩的报告"的赞美之词。

九

汇报会到此就结束了,接下来倪主任将带领客人们去参观。此时郭星浩、宋春芬夫妇自然也站了起来,宋春芬看着朱总有点面熟,同时她也发现朱总也在盯住她看,两人渐渐走近,还是朱总先开口,她用右手食指指着宋春芬,大喊了一声:"宋春芬",小宋也马上回应:"朱蕙群",在场的众人正在向会议室大门走去,都因为她们的喊声,回过头来看看怎么一回事,只见两人已经从握手到拥抱在一起,甚至激动得流下了热泪。不要说其他人,就是郭星浩此时也觉得有些莫名其妙。宋春芬转过头来对他说:"她就是朱蕙群啊!"小郭这才恍然大悟,原来这就是妻子经常跟他提起的初中三年的同桌。朱蕙群也对倪主任和常熟客人介绍:"这是我初中同班的宋春芬同学,我们已经二十多年没有见面了!""啊!"在场各位都对这对久违了的同窗好友重逢投来赞许的微笑和眼光。宋春芬自然也少不得把自己的丈夫介绍给曾经的同桌。朱总大大方方地与小郭握了握手,互致问好。"走！跟我们一起去参观怎么样？"朱总说是在邀请，实际上紧握着小宋的手不放，连拖带拽，拉着她去"参观"了，她们有多少话要说啊！同学之间的关系就是这么奇怪，长时间不联系，也不一定急于寻找，但一旦重逢，因为勾起了多少曾经的往事，彼此之间有说不完的话。朱蕙群、宋春芬也不能例外。郭星浩倒是真正对此感兴趣，就高高兴兴接受邀请，随着大流去"考察"了。

出了会议室大门，是中心三楼的办公区，这里除了总经理室、办公室、财务室等与养老业务非直接服务的部门，其中财务部门上还挂着另一块牌子：专用资金账务管理分中心，原来财务部除了管理财务和固定资产外，还是专用资金账务管理职能的机构。

CJW社区养老服务指导中心也在三楼，它只是一间三十来平方米的房间，房间的门敞开着，里面靠窗有两张对放的写字桌，另外还有一张小会议桌和一圈椅子。只有一位六十来岁的男士在办公，经过那里时，朱总把头伸了进去，喊了一声："闵局长好！"那位闵局长转过头来对着朱总微笑地点了点头，表示打了招呼。朱总对郭星浩、宋春芬夫妇解释说："他是Y区民政局的老局长,退休后,发挥余热,作为志愿者担任CJW社区养老服务指导中心的顾问,指导中心平时只有一位秘书上班。那些领导定期不定期来这里开会或者研究问题。"

说着,说着就到了二楼,这里除了有总部派驻的各种老年服务和产品的分支机构或驻在员,还设有各种服务的管理(分)中心,从各个房间门口挂的牌子知道,它们分别是:家政工作者管理(分)中心、餐饮服务(分)中心、文化服务(分)中心、康复(医护)服务(分)中心、老年用品服务(分)中心和一般服务(分)中心等分支服务管理机构。另外还有诸如洗浴服务公司、老年用品代理公司、适老工程维修站等专业上门服务的队伍的办公室也都在二楼。大约是小许秘书在倪主任报告期间,事先都通知下去了,此时,各个部门、单位的办公室都大门洞开,里面也都有干部在"值班",迎接常熟客人到来,并热情地介绍业务和回答询问。

为了避免拥挤,这些人都分散地跑进各个办公室,连郭星浩、宋春芬夫妇也分开去了两处。郭星浩对未来房子的装修感兴趣,进了适老工程维修站,由汪玉昌工程师接待他。宋春芬则在朱总的陪同下走进了洗浴服务公司，朱总之所以让小宋参观洗浴服务公司，因为里面有一间平常在家中看不到的专为瘫痪老人设计的洗浴室。常熟来的客人也都各自按照与自己比较熟悉的业务分中心取经去了。此时已经11:30光景了，为了不影响午餐和下午对一楼以及驿站的参观，朱总让大家在二楼待到12:00结束，然后到底楼餐饮分中心的餐厅用餐。

当小郭问及适老性改造的话题，汪玉昌工程师很耐心地回答他的问题。据汪工说："对于房间的适老性改造，是一门在不断发展的学问，目前有相关的标准可以参照，但由于各种创新研制的老年用品不断出现，产品过时的速度也很快，尤其是IT产品，淘汰的速度惊人，因此，如何选择产品来做适老性的改造，不是简单地让设计、施工的专业公司来承担就可以了，而是应该根据房屋的原始结构、业主的经济条件、楼层的高度朝向等许多因素进行综合地统筹考虑才行。我们适老工程维修站就有按照海阳集团制定的标准，帮助老人进行适老性改造咨询的业务，为居民当好参谋。"看来光靠今天这些时间，是谈不完的，于是他俩相互留了手机号码，便于以后进一步接触。郭星浩与年龄相近的汪工程师一见如故，再一问还都是T大学的毕业生，小郭学的建筑机

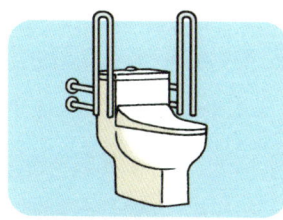
坐便器旁应设扶手

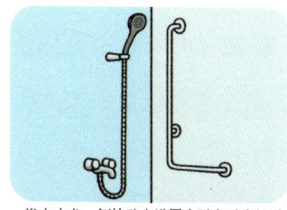
浴室水龙一侧墙壁应设置水平和垂直扶手

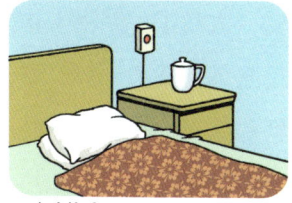
床头伸手可及处设置紧急呼叫器

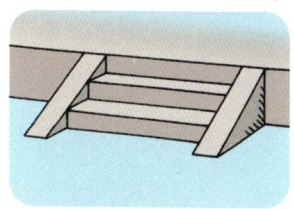
进出台阶踏步踢面高不宜大于125mm，踏面宽应不小于380mm

家具避免出现锐角

楼道扶手栏杆彼此的内部间隔必须小于110mm

械，汪工学的是土木工程，小郭早毕业两年，因此，汪工开玩笑地叫小郭"师兄"。

朱总陪小宋看用专用洗浴设备为瘫痪老人洗澡的演示，当然由于保护隐私的原因，不会是看真人洗澡了，用的是一个与真人一般大小的模特儿，操作者熟练地把模特儿捧上如同凹槽的浴盆，那浴盆的边壁只有大约20公分的高度，太低了，盛不住水，太高了，助浴工作人员不便操作。只见两位助浴人员熟练地从头到脚，用温水、专用沐浴露、丝瓜筋等材料和工具，把模特儿洗擦了一遍。看着哗哗的水流，常熟客人问工作人员，热水24小时供应吗？工作人员说，与这里开放的时间同步。接着他又补充说，这里用的是屋顶太阳能热水器供应的热水，所以无所谓时间的限制。"喔!"客人有点觉得意外。

转眼间，时间到了12:00，朱总跑到走廊里，请常熟客人一起到楼下餐厅用餐。于是郭星浩、宋春芬夫妇也要想朱总和倪主任告别了。此时朱总哪会让好不容易见面的老同学在饭点不吃饭就回去啊？她说："在这里吃午饭，我请客!"

倪主任在一旁说："我们的餐厅可点炒菜的，厨师水平也不差!"

"那怎么好意思呢!我们怎么可以与来客一起吃饭呢?"小宋说道。

"放心,我们朱总是很廉政的,她会自己付钱宴请老朋友的。"倪主任又调侃道。

想想几十年没见的同桌,有多少话要讲啊!恭敬不如从命,郭星浩、宋春芬夫妇就随同朱总进了底楼餐厅的小包间里,常熟来的客人在另一间大包间里,则由倪主任陪同用餐。据朱总说,这里的餐厅对社区所有的老人开放,许多老人几乎天天在外面的大餐厅里吃饭。而里面的包间除了招待外来的客人,主要是满足一些老人想要改善,或与家人团聚用餐。因为一般饭店的饭菜,由于老人的牙口脆弱,无法享用,而这里有专门的营养师和大厨共同开发的饭菜品种,既能满足老人的牙口,又能顾及家人的口味,价格虽稍微比大餐厅里贵一些,也还是受到老人们和他们的家人一致欢迎与好评!

"等到吃过午饭,我让你们和常熟客人一起参观一下里面的厨房,那可不是人们想象中的单位食堂的后厨房哦!"朱总说道。

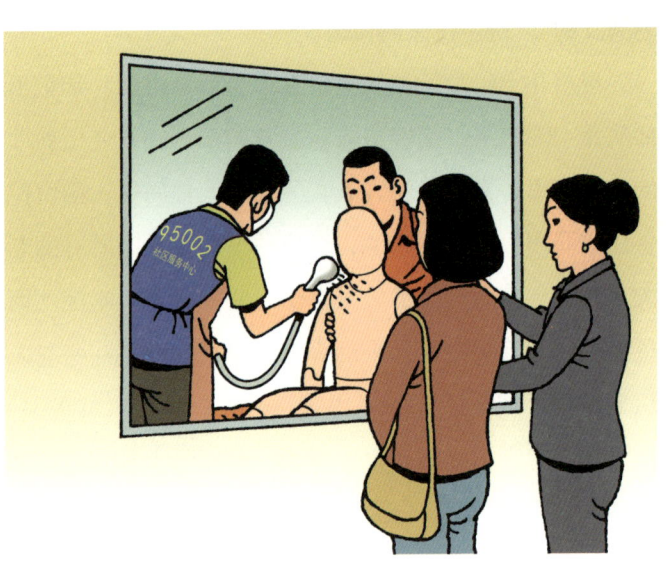

十

朱总点了四菜一汤。在等菜之际,两位同窗好友又马上唠上了嗑。小宋先埋怨起朱总:"你这死鬼,这些年都躲到哪里去啦?我们班级自从重新集结,每年聚会,就在找你,现在我们已经把一大半的同学都找到了,就是没有找到你这位当年的体育委员。"朱总则告诉小宋:"因为我家动迁的原因,高中没有在N区的中学读,后来高中毕业,那年的高考,大学、中专混考,你和许多原来初中的同学都考上了本科、大专,而我考得不理想,最后被一家医学院的卫校所录取,觉得很没有面子,所以与大家渐渐地失去了联系。后来被分配在位于郊区的一家养老机构里搞护理工作,十多年的工作经历,逐渐地对老年人也有了感情,对养老的事务基本也都了解了,对老年科学也有了兴趣,还担任过一些部门的负责人,中间又读了护理专业的夜大学。一次偶然机会,在一次养老的学术会议上,听到海阳集团的徐超董事长介绍了他对养老科学最新的见解,很是钦佩。在随后的小组讨论中,又与徐超分在一个组,我的发言,他也很赞赏,会后他邀请我加盟海阳集团。我因为爱人在上海市区工作,儿子随奶奶生活也在市区,我们一家只有周末才能团聚,两地分居总不是办法,所以也萌生了回上海市区的想法,如今机会来了,于是就请求领导,开始单位不同意,后来我和爱人几次三番请求,同时单位又无力解决我的住房困难,最终在三年前,领导放我调到了海阳集团。"朱总又说:"其实我也是很想念老师和同学们的,尤其是你,我的同桌!不过心里总有些心理障碍,下不了决心去寻找你们。"接着她们又问询了彼此父母和家庭的情况。因为动迁的原因,两人的娘家都已经早就搬离原来居住、上学的N区。这也是同学们找不到朱总的原因之一。

说话间,服务员把菜端了上来了,四菜一汤:狮子头菜心、猪肉炖粉条、清蒸鳜鱼、炒虾仁和番茄蛋花汤。看到"猪肉炖粉条",郭星浩眼睛一亮,那可是"正章"的东北菜啊!东北人有时管"标准"叫"正章"。这道家常菜在上海吃不到的,一般的饭店的菜谱里难见这道菜,普通上海人也不会做。但如今从东北来定居的"新上海人"的老爸老妈来上海带孙辈孩子,他

们好这一口，于是海阳集团在策划CCHC体系标准老人饮食的菜肴开发中也考虑到如今上海人口味已经不仅仅是以江浙人的移民后裔为主的饮食结构和味道了。今天朱总看到小宋同学的爱人是哈尔滨人，就特地点了这道东北菜。小郭尝了一口后，觉得味道不错，但发现与他妈妈做的口味略有不同，除了稍微带一点上海口味外，就是那粉条也与东北的粉条的嚼劲也不太一样，更软更糯。朱总告诉她，这是因为这里的大厨没有采用你们东北的土豆粉条，而是选用了安徽的地瓜粉加工的粉条，更加适合牙口不好老人的咀嚼。接着朱总又让他们尝尝狮子头，这道菜在上海普通家庭或者单位食堂是最平常的菜肴了，但两人一吃，发现味道没变，但肉质似乎更加细腻，鲜味更浓，如果老人食用，显然更加容易咀嚼和吞咽。朱总道出了其中的"奥妙"，这狮子头里面，其他的诸如蛋清、荸荠、淀粉等食材都一样，就是肉的食材，不是猪肉，而是鸡肉，因为考虑到牙口不好的老人一般已经没有能力"啃"鸡鸭等家禽类食物了，但他们也还很想品尝家禽的滋味呀！

"啊！"小郭惊呼起来，"考虑得真周到，你们中有厨师中的高人！"

朱总回答道："这句话给您说对了，不仅有高级的厨师，还有高级的营养师参与呢！"

"那你们食品的成本要提高了，怎么经营啊？"小宋插嘴了，三句话不离本行，她已经从财务角度思考问题了。

"这就是CCHC体系的优势。"朱总带着神秘的口气说道，"我们的餐厅不是人们心目中的单位食堂，是CCHC体系中的中央厨房的组成部分，在Y区CCHC总部有个CCHC体系中的中央厨房，归总部的老年产业中心管理。它按照《CCHC标准》编制菜谱，在区食药监的监督下，选择最优秀的供应商，包括食材和半成品、成品。在每个社区的CCHC中心，都有中央厨房的派出代表机构——餐饮服务分中心以及它所经营管理的老年餐厅。每个餐厅都建有一个很大的冷库，除了储存中央厨房统一采购的食材和半成品、成品外，有些食品由于更适合新鲜食用，因此在中央厨房授权的前提下，也可以自行采购一些食品，像现在吃的新鲜鳜鱼就是餐厅自行采购的。中央厨房与一些定点食材基地有长期供应合同，所以采购的价格是要比在菜场里购买便宜了不少。"

"有道理!"宋春芬赞叹地说了一句。

"赶快趁热吃!"朱总让客人别光顾了听她讲话,忘了吃饭。"对老人食品社区还有补贴呢!"朱总又继续介绍下去,"以前我们没有经验,就拿办里弄食堂的办法来搞老年人餐饮,尽管用上海市老年基金会赠送的送饭车给居家养老的老人送饭的形式很好,受到了老人们的欢迎。但是里弄食堂的饭菜并不合适于大多数老年人的饮食习惯,而且菜谱也比较单调,几轮下来,许多老人就逐渐退出去了。他们并不在乎有补贴,更在乎是否合适他们的饮食习惯。另外,像小宋的爸爸是山东人,说不定他还一定程度留恋着家乡鲁邦菜肴的口味呢!但在以前的办食堂的办法,是顾不过来考虑他那样的需求的,因此有'众口难调'的说法。如今中央厨房的菜谱可谓丰富多彩,除了主要还是供应上海和江浙口味的饭菜外,也几乎覆盖了全国所有地方菜肴的口味。对于少量有特殊要求的老人,如穆斯林、素食者,我们允许驿站一级选择经过食药监局批准的供应商,提供饭菜,对老人的补贴也照样享受。"

"那么,高级的厨师,还有高级的营养师又从哪里聘请来的呢?"小郭又问道。

"老人中有许多高人啊!"朱总接着问小郭:"以前你们听说过'老有所养、老有所医、老有所学、老有所为、老有所乐'的说法吗?"小郭点了点头。"这中间'老有所为'最难解决,许多刚刚退下来的老人,身体还很好,精力也充沛,但社会能够提供他们继续发挥专业特长的机会并不多,因为还有中青年人的就业压力啊!他们总不能与晚辈们抢岗位,对吗?他们并不在乎钱,因为他们有退休金,他们更加是希望表明他们还有价值。我们就利用这个优势,顺势而为,把各种专家技师请来当顾问,中央厨房的菜谱是退休的顶级大厨和营养师共同制定的,而一般的厨师就到中心的餐厅当技术指导,今天的炒虾仁味道和形状都可以吧!那就是一位从宾馆退休的大厨教授的徒弟烹调出来的菜肴。"

"怪不得,味道这么纯正。"宋春芬理解其中的奥秘了。

饭后,在客人们对这里的饭菜众口称誉,并在表示感谢的赞扬声中,朱总和倪主任陪同客人们来到后厨房,这哪里还像单位的食堂啊?明明是家工厂。里面摆放的是一排排的机器,许多半成品送入料斗,当它们出来时,已经是食品的雏形,再随着铁盘进入烤箱或蒸笼蒸烤，出来时，就是成熟的食品了。当然也有像普通厨房的蔬菜细加工和炒菜加热过程，但它们只占后厨的面积很少的比例，大量的生菜洗切，大油锅烹炸的现象在这里几乎没有看了。有一间不小的装盒车间，流水线在把各种食品按照事先设定的菜谱装盒。除了一部分饭菜供应在这里大餐厅用餐的老人外，大部分送到发货窗口，刚才看见送饭车的驾驶员正排队在领取外送到各驿站或居家老人的盒饭。

十一

从餐厅出来,大家继续参观分布在一楼的其他房间,发现这第一层是一个集娱乐、餐饮、健身、医疗、社交等多功能为一体的老年活动服务场所,除了餐饮,还有大小面积不同的老年活动室。大的活动室是一间多功能大厅,每周有不同的活动开展,今天下午是CJW社区老年合唱队的排练时间,一些队员已经到达,开始"啊、啊……"地练声。据说这支合唱队是上海滩上有水平的业余合唱队,原上海合唱团的一位退休歌唱家志愿担任他们的指挥,人家一般能唱四个声部就很不错了,他们能唱出八个声部,屡屡在上海乃至全国的老年合唱比赛中获奖。

另外还有一间教室,书画、外语、刺绣等老年大学的特色班也在这里轮流上课。有一间房间是"日托班",一些子女无法照顾的老人,在白天子女上班的时候,就在这里休息。里面也有一些棋牌桌子,让他们消遣。在日托班的里间,有个卧室,摆了十多张床铺,除了让一

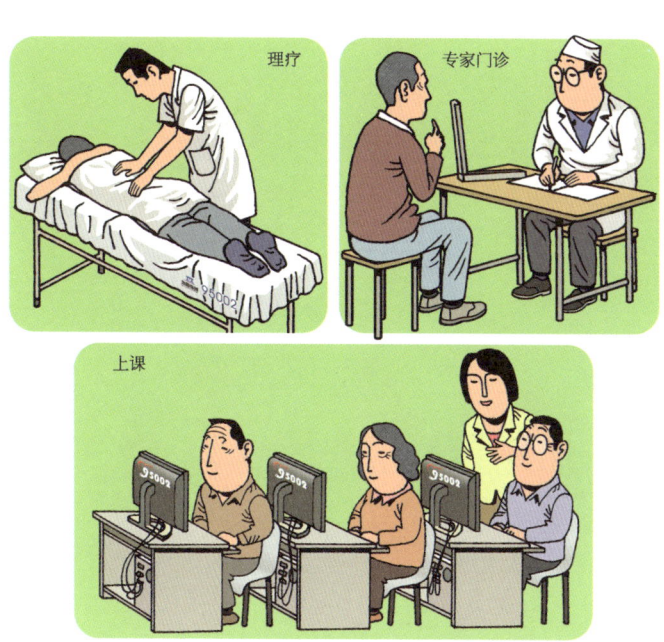

合唱

日托

餐饮

些老人午睡外，有些子女如果临时赶不回来，老人也能在这里过夜，有专门的护工日夜值班照料。

　　社区卫生中心和社会医疗力量提供的服务，也可以通过康复（医护）服务（分）中心代表居家养老老人或者家属的意愿，提供服务和联系。J大学附属R医院和CJW社区卫生中心，就在这里联合建立了一个康复站，一些老人正在那里接受专业人员指导下的理疗，倪主任还与一位因为理疗出汗的偏瘫老人开玩笑说："锻炼好后，到二楼去洗澡！"看来倪主任与他们很熟悉。据朱总介绍，这些大型的康复器材是由R医院采购提供的，高级的康复医疗力量也由R医院派遣，而一些日常执行性的理疗则由CJW社区卫生中心医护人员承担。郭星浩、宋春芬夫妇一看，他们的老父亲宋建良的日常康复治疗，在这里就可以进行了，不必每一次都要到R医院康复科进行。在康复站旁边还有一间房间。挂着"专家门诊"的牌子，由R医院和Z医学院附属B医院的专家轮流到这里坐诊。据朱总介绍，上述的康复、门诊的费用都可以进医保。如果需要进医院治疗，这里可以帮助老人及其家属特约或者挂号，康复医疗分中心还与一些三级甲等医院签有绿色通道的协议。

一些与老年人养老相关的企业也在这里设立了服务点，由二楼的老年用品服务分中心统一对外管理。老年产业协会分会的机构功能也可以由老年用品服务（分）中心来承担。

把上述这些日常运转的相关部门（分中心）串联起来，形成一个"日常运转协调平台"，由"中心"的孔副总经理兼任总调度，每日定时举行交班会，进行协调。平时各个驿站把所在小区的老人们的各种需求，通过互联网，报给各个分中心，再由分中心安排专业人员去完成各种任务。需要协作的事情，就在"日常运转协调平台"的交班会上进行协调。

"中心"还可以接受委托代为管理社区的其他日间照料中心、老年活动室。CJW社区CCHC指导委员会还将原来一家小型养老院，改成护理（养老）院，接待失能而家中无人照顾的老人。此外，在护理院里还开辟了一处"临终关怀病房"，让晚期老人有尊严地温馨地走完人生最后的一程。

参观到这里，所有的客人包括郭星浩、宋春芬夫妇都很受触动和启发，觉得CCHC体系基本上解决了居家养老老人的后顾之忧，是一个可操作接地气的养老模式。常熟来的客人甚至已经提出了希望与海阳集团合作的意向。朱总说:"等到你们考察完驿站后,我们再谈合作好吗?不过我们已经为上海市以外省市的合作做了一些准备,如与上海市楼宇科技研究会合作编写了《CCHC居家养老模式体系服务管理标准1.0》,以后可以作为我们今后合作的基础。"说完了这些话,朱总就与郭星浩、宋春芬夫妇道别了,她要陪同常熟客人去秋霞小区驿站继续考察。因为郭星浩、宋春芬夫妇已经去过那里,所以也就没有再跟随而去了。朱总与小宋相约,欢迎请他们过些日子到海阳集团总部去做客,再进一步了解CCHC体系的内涵,以便为宋老伯的居家养老做好安排。

倪主任和郭星浩、宋春芬夫妇把朱总和常熟客人送到停在门口的大客车上,临上车,朱总转过脸来对倪主任半开玩笑地说:"你对我的老同学可要多多关照啊!"倪主任调皮地回答:"我们'中心'对所有的老人都要做到'多多关照'!"引得大家哄堂大笑,在笑声中,倪主任和郭星浩、宋春芬夫妇挥手目送大客车离去。

十二

转眼间,郭星浩、宋春芬夫妇为宋建良、陈颖老两口准备的适老房装修工程到了验收的日子。为了不要再请假,他们把验收的日子放在星期六。这一次 CJW 社区 CCHC 居家养老服务中心的适老工程维修站的汪玉昌工程师,也就是自称是郭星浩 T 大学小师弟的汪工帮了很大的忙,倪主任也没少关照汪工要做好这项工程。由于汪工的指点,使郭星浩、宋春芬夫妇做到了既比较实用,又比较节省,同时又符合老宋的生活需求。当然这里与宋春芬是朱总的同学多少还是有些关系的,除了朱总希望帮助老同学外,同时也想让他们的房子做成具有"适老样板房"性质的住宅,将来郭星浩、宋春芬夫妇他们的 H 区和 C 区的亲朋好友来探望老宋时,就是口口相传的"活广告"了。为此,朱总也放弃了周末休息,来到现场。

从郭星浩、宋春芬夫妇作为家属的角度来看,他们俩由于职业和个性不同,尤其是男性和女性,观察问题的重点和视角也各不相同。郭星浩作为一个理工男,他更看重硬件设施的功能性和便捷性，看看安排的设施布局是否合理，产品是否实用可靠。而宋春芬是个财经女，她更看重到底要用多少费用，选购的材料、设施是否物有所值，是否价廉物美。但在这里两者基本达到平衡，因此总的说来，他俩都是很满意的。

但他们是"外行看热闹"，而汪工则是"内行看门道"了。因为在这项工程中，郭星浩、宋春芬夫妇是业主，是甲方，汪工他们是乙方；但在材料、装修施工供应商来看，汪工是甲方的代理人，他们才是乙方。这项适老性改造工程，只有一套房子，所以装修的设计工作量是很小的。况且，当初在洽谈这项业务合同时，汪工就对郭星浩、宋春芬夫妇介绍过，在海阳集团的《CCHC标准1.0》里，对住宅的适老性改造有专门的章节，对从楼梯踏步、房间，到卫生间、厨房，乃至走廊等都有适老性的要求。里面各种建筑元素尺寸的大小，运用哪些材料、设施，都有专门要求的，不是设计者、施工者和供应商随随便便可以自行约定的。等到施工完毕后，因为适老性住宅已经不是普通住宅，需要有专业人士定期保养、维修，他们的维修站已经联手海阳的物业公司，承担这项工作，因此，除了施工方到场，物业

公司的代表梁嘉生师傅也是必须到场的。按照中国的国情，今天朱总都来了，"中心"如果不来外客，刘站长也必须前来，"陪同"上级领导"视察"。

"啊！成老总也来视察工作啦！"朱总首先开口打了招呼。

"您也来了，我敢不来吗？"那个看上去并不老的老总回答道。

原来是为这项工程提供材料、设施的同丽建材市场的成俊总经理今天也来到了这里，本来这位建材行业中颇有影响的"少壮派"人物是不需要亲自到场的。虽然这只是一项小小的工程，对他却有里程碑式的意义。位于P区的同丽建材市场，无论从规模还是品种在上海滩上都可以说名列前茅。人们在装修中，只要到这里就可以采购到几乎所有的建材、家电和厨卫设备。如今别人跟风似地建立许多了与他们同质的建材市场，多少降低了他们的市场占有率。头脑清晰的成总就带领了他的团队开始寻求转型的路子。他们从开发智慧家居配套入手，以他的副手于强为首的研发组，在这方面花了许多精力，当然成总他们投入的研发资金也不少。由于智慧建筑是一项非常复杂的系统工程，所以他们在这方面成效收益还不尽如人意。

经上海市房地产商会辛畅秘书长的介绍，他们了解到上海市楼宇科技研究会在对智慧建筑有比较领先的研究成果，于是就找上门来，在接触的过程中，成总发现上海市楼宇科技研究会正在与海阳集团研究的CCHC居家养老模式，正是他们建材行业没有全面关注的领域，尽管于强他们也开发过一款为老年人的"北斗"定位器，对老龄化时代来临，有过思考和准备，但对如何全面地参与和投入，却还没有深入研究过。当他看到CCHC模式标准中有适老性改造和CCHC总部、中心智慧建筑的材料和设备的推荐目录的章节，凭着职业的敏感，他觉得商机来了，于是以同丽建材市场也以楼宇研究会团体会员的身份，积极参与制订，依靠他们对建材行业经营的功底，开辟出同利建材市场新的领域——住宅适老性改造与CCHC总部、中心智慧建筑的材料和设备的配套供应板块。

在具体与海阳集团的合作谈判过程中，主要是在朱总和成总两人之间进行的。谈判嘛，难免有讨价还价的过程，一来二去，谈判也成功了，双方战略合作协议也由他们的董事长签字生效了，两位老总也成了彼此熟悉的朋友。

凑巧的是成俊与汪工还是T大学的同学,他们更有了合作的基础。海阳集团朱总的中学同学的工程,他当然也更加尽心了,价格也按最低的标准收取。这对关注经济的宋春芬来说,尤其满意。朱总也觉得成总很给她面子。

郭星浩则主要想看看,哪些设备有新意,是他以前没有见过的,尽管在签订装修合同时,汪工已经明确地告诉过他,有哪些亮点。汪工给他介绍,由于他的岳父半瘫痪,所以卫生间里淋浴房安装了凳子,他可以坐在那里洗澡。所有的橱柜,尤其是厨房里的,采用下拉式的把手,便于开启。所有照明的开关几乎都是双联的,便于老人到哪里都可以随手操作。当他看过了上述的设施确实如此后,还是想要亲自领略一下其中精彩的地方。

"来!给我们介绍介绍,最精彩的地方在那里。"郭星浩向汪工发出了"指令"。

"好嘞!"汪工回答。"这里最精彩的是,我们的适老性改造不仅是智能化的,还应该是智慧化的。"

汪工的这句话,让郭星浩、宋春芬夫妇立即感到茫然。如今虽然智慧城市的发展战略随时可以听到,但智光伏发电和太阳能热水　追光百叶矩阵　风力发电　回收旧砖砌筑的"呼吸墙"

垂直绿化　循环净化水

节能环保、低碳减排、绿色建筑
结合物联网、云计算等技术的
智慧建筑

慧化的建筑到还是第一次听到。

"那智能化与智慧化有什么区别?"理工男对自己不懂的地方开始关注了。而他的妻子是财经女却没有那么紧迫,但长长知识还是好的。而朱总和成总已经度过了曾经也不懂的时期。

面对着上司、同事、同学和顾客,在这里汪工开始了他的"演讲"或者说"表演"。但汪工发现面前的大多数"听众"科技水平有限,他不能过多地讲专业知识,还是要从实物介绍更加合适。于是,他简单地说:"智能化、智慧化都是外来的技术术语。'智能化'的英文是'intelligent',而'智慧化'则是'smart'。简而言之,智能化主要领用 IT 技术,来实现某些功能,它是打造'智慧家居'的基础。"他接着说:"'智慧的家'里包括了节能环保、低碳减排、绿色建筑结合物联网、云计算等前沿技术,从软件角度看,两者最大的区别在于人的智慧参与。"

看来汪工也不是科普专家,离开了专业术语,他还是无法进行演讲的,不过如今人们素质普遍提高,他的上述语言,他的"听众"还是基本理解的。还是边看边说吧!

十三

汪工在为这套住宅适老性改造的策划过程中,想到需要考虑的是老人家居是具备安全、绿色、温馨、智慧四个目标要素。但是安全、绿色、温馨三个目标要素,有时也要通过智慧作为手段,才能实现。他还认为,要根据各家不同情况进行"私人定制",不能千篇一律,没有个性。他首先认为要选择一套通信网络,其次基于这套通信网络,应该达成的管理与服务,第三,必须与互联网连接,让家与外界互联互通。还要把无线网络与家里的有线网络有机结合。有了这些,门锁、报警、监视,远程控制家电、测量老人身体情况等人们已经知道的智能家居设施的功能都能实现。

汪工让郭星浩先试一下声控设备。他让小郭喊一声:"关上窗帘!"话音刚刚落下,只看见两扇窗帘徐徐地关闭起来。汪工又叫了一声:"顶灯开!"卧室的顶灯一点点地亮了起来。

"哟……"郭星浩、宋春芬夫妇不约而同地惊奇地欢呼起来。紧接着汪工又喊了一句:"打开电视!"挂在大床前方的挂壁电视也渐渐地亮了起来,声音慢慢地也响了起来。

"这是为像宋老伯瘫在床上,而老伴陈阿姨又不在身边时所设计的装置。"

"好!好!"郭星浩、宋春芬夫妇连连称赞叫好。

"这还不算稀奇呢!"汪工开始放下心来,"后面还有精彩的!"接着又"喊"开了窗帘,关闭了电视和顶灯。又指着床的前方,电视机两边的一些探头、传感器,它们可以帮助宋老伯随时与后台话务员交流。除了聊天,宋老伯的床垫、电子血压器等设施可以随时把宋老伯的血压、血糖、心跳等生理指标,通过互联网,传给后台和家庭签约姚彩琴医生,如果有不正常,后台还应及时通知你们家属。姚医生和驿站同志也会在第一时间做出处理的意见,或上门干预。

"真是没有想到,科技已经这么先进了。"本来对科技并不关心的宋春芬感叹道。显然汪工让"外行看热闹"的宣传效果,初见成效了。

"但是智慧家居并不一定都要用IT技术的,只要有创新而且经济实惠,都可以采用。"

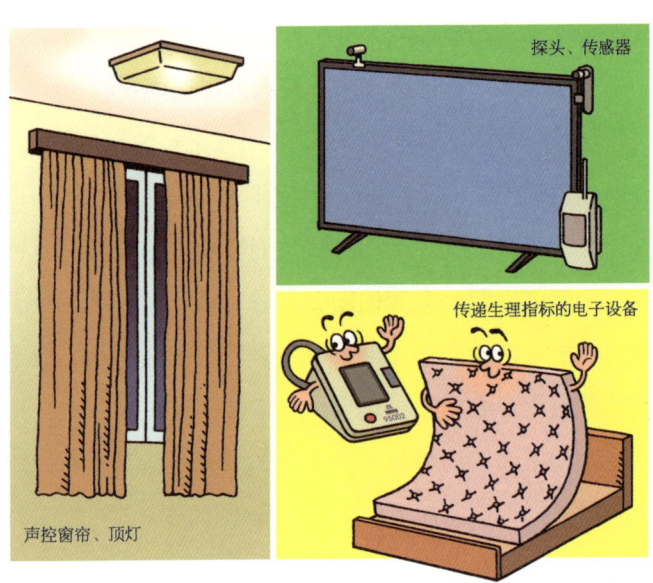

他指着放在窗台下的几棵盆栽树说道:"这种树叫红豆杉,有天然空气净化器的美誉,我也给你们挑了几棵。另外,这次使用的涂料不仅没有甲醛污染,而且还有吸附有害烟雾,甚至产生负离子的功能。"这对除了汪工、成总等业内人士来说,简直是"天方夜谭"。"所以宋老伯不必等很长时间,马上就可以搬过来!"汪工很诚恳地说着。这话声传到郭星浩、宋春芬夫妇的耳朵里,赛过听曲"太湖美",而且还要更优雅些,真是沁人肺腑啊!

我还要让你们再进一步见识呢!此时汪工有点得意起来了。他把大家领进了卫生间,告诉他们这个抽水马桶可不一般,除了如今大家赶时髦,在马桶上再安装一个洗便器,可以便后清洗,烘干。这对偏瘫的宋老伯倒也需要,免得生褥疮。不过这个洗便器已经国产化了,而且面对像宋老伯那样右手不能动弹的老人,还把操作盘设计到了左侧。

"考虑得真仔细周到"连陪同"验收"的朱总也点赞了。

更绝的在后头呢!汪工接着介绍:"你们发现没有,在马桶的底下有一块踏板?"这什么用?小郭紧接着询问。这种马桶大便后,冲粪便的水量只有相当于一杯水,所以人们把这种马桶戏称为"一杯水"马桶。

"一杯水?"有经济头脑的宋春芬显然很感兴趣。

"是的!"汪工作了肯定的回答。"宋老伯大便后,只要用左脚踏一下下面的踏板就可以了"。"世博会就是用这种马桶迎接世界各地来客如厕的,确实节约了许多水。"汪工进一步补充说道。

"不错,不错!"宋春芬连连称赞,能节约花钱的事物,她是很赞成的。

汪工又让小郭看洗澡用的"喷淋头",也称"花洒"。"你看看与普通喷淋头有没有什么两样?"

"没有什么大的不同。"小郭回答。

"其他喷淋头喷出来的水柱是实心的,而它运用专门技术限制并吸入部分空气替换水压的方式,也就是说,喷出来的水柱是空心的,使花洒出水压力和出水方式不变的同时,增加水的含氧量和人体舒适感,减少了沐浴时的闷热感,对宋老伯那样的老人洗澡更有利。同时节水40%以上。"汪工一连串地说了一通。

"妙极了"!到此时,郭星浩有点佩服得五体投地的

口气。怎么我们一点不了解啊?

"你们来看看,现在有关老年用品和设施研究开发真是琳琅满目。"一直没有开口的成总,此时向小郭夫妇打开了一本彩色的产品介绍图册。确实五花八门,无所不包。

小郭看见有一样东西,有点面熟,很像他们工厂里的小型吊车,这是什么?他问道?

"哦!这是室内搬运瘫痪老人的轨道和布兜。"原来是把瘫痪老人放在布兜内移动到目的地的"搬运工具"!小郭突然发现在这里找到了他们公司转型的机遇所在。

原来小郭所在的单位,原来是J区的一家农机厂,后来某汽车发动机厂进驻安亭,他们就乘机转型变成发动机厂的配套工厂,如今汽车产量已经不是大幅度上升的时代,因此他们公司的发展也有点停滞不前了。小郭作为企业的骨干,也把单位的转型放在心上。

"我们可以合作,共同生产老年设备。"小郭对成总说道。成总对此表示欢迎,不过他建议小郭可以先到上海市楼宇科技研究会找一下副理事长兼秘书长雷晓峻教授讨教一下,当时他们开辟新的领域也得到了雷秘书长的指点。

一场说是"验收",还不如说是"参观学习"就这样皆大欢喜地结束了。

十四

在秋霞小区的房子是装修好了,接下来就是把宋春芬的父母如何接过来所需要准备的工作了。首先郭星浩、宋春芬夫妇再一次来到了"上海海阳集团Y区CJW社区养老服务中心秋霞小区驿站",找到了刘怡梅站长,通过内勤吴慧英的操作,让宋建良、陈颖夫妇在Y区CCHC总部的"网上养老院"注册,成为他们正式的"成员",他们还将发给二老"Y区CCHC总部的网上养老院会员证"。据刘站长介绍,这个证是很有用的,在Y区CCHC体系里所有的事情,都要凭此证才能享受相应的待遇的,如餐饮补助、监视对话等。然后,小两口也把老宋的党组织关系,转回了秋霞小区的退休党员党支部,这一点宋建良这位老党员看得很重的,他认为任何时候都不能脱离组织。这样同时也与秋霞小区的居委会挂上了号,说明他们开始在这里生活了。

紧接着,在刘站长的指点下,郭星浩、宋春芬夫妇请求驿站组织力量做一次装修后的大扫除,刘站长

在向CJW社区养老服务中心"一般服务分中心"登记后,刘站长请林忠德带领物业公司的专业保洁队的部分保洁员上门进行大扫除。"没有事体。"阿德哥回答道。如今这里的物业公司的保洁队已经脱离了以前聘请外来农民工做环境保洁的传统做法,而是成立了专业的保洁队,可以从事清洗玻璃幕墙、地毯清洁等技能性的保洁任务。装修后的大扫除也是他们经常接受的任务。这是"中心"与物业公司在海阳集团协调下,建立的长期协议。另外,像宋家适老性设施的维修、保养也由物业公司的工程部承担,在这里就是刘站长的爱人梁嘉生师傅负责。如今一般的小区物业公司仅仅依靠传统的物业服务,日子都很难过,因为这里存在物业管理费的定价偏低,而居民的要求却较高之间的矛盾。而在秋霞小区由于物业公司参与了CCHC体系的业务,补充了很可观的一块收入,进入了良性循环,职工队伍稳定,业务水平提高。

郭星浩、宋春芬夫妇又向刘站长提出帮助搬家的请求,因为尽管H区的房子今后将由他们小两口去住,那里的家具基本上不用搬动了,这里经过适老性装修,也应有尽有了,但总还有不少老两口专用的物品要带过来

吧！尤其是如何把偏瘫的老宋"搬"过来，还是有点难度的。刘站长也满口答应，她也在向中心的"一般服务分中心"登记后，得到指令，然后又让阿德哥向有关搬场业务的签约公司，订了一辆小型客货两用车。"没有事体。"他又答应了。同时让"一般服务分中心"安排一部爬楼机，届时装上客货两用车去 H 区的老宋家，因为那里还没有电梯嘛！就这样就由郭星浩、宋春芬夫妇的桑塔纳小车和那辆小型客货两用车，由阿德哥带队，轻轻松松地把老宋连同物品搬进了 Y 区秋霞小区的"新"家中，说它新，是等于重新装修过了。

郭星浩、宋春芬夫妇对刘站长和阿德哥连连表示感谢，"没有事体。"阿德哥再一次用他的标志性语言回答。同时发现，这"一般服务"对他们家这种情况还很实用呢！宋春芬还发现所发生的费用并不高，在合理可以接受的范围内，最主要的还是业主省心啊！也不需送香烟给工人那样的额外费用发生，因为刘站长一再对他们强调，在 CCHC 体系中，严禁给员工赠送礼品和小费。刘站长和阿德哥还反复叮嘱他们，今后我们就是一家人了，有事情就找我们，因为我们是"全天候"、"零距离"的服务站！

郭星浩却发现，CCHC体系社会合作配套性很高，它并非样样事情都由自己来做，而是根据海阳的CCHC标准的要求前提下，利用相关社会资源服务来共同完成，前一阵子房子的适老性装修也是这个模式，一个围绕着CCHC标准体系的产业链正在悄悄地形成之中。

十五

接下来的"天字第一号"大事就是老宋的康复治疗了。J大学附属R医院和CJW社区卫生中心在CJW社区养老服务中心联合建立了一个康复站,确定了老宋的康复治疗的方案。CJW社区卫生中心又与老宋两口子签订了家庭医生的协议。所以老宋的康复治疗方案就由CJW社区卫生中心派驻秋霞小区的全科医生姚彩琴主治医生来执行。姚医生与刘站长可是老相识了,她们之间有几十年的友谊,因为刘站长女儿梁洁小时候体质较弱,一发烧,刘站长就往地段医院(以前的社区卫生中心叫地段医院)跑,姚医生是看着梁洁长大的,最后梁家与姚医生还从医患关系变成了好朋友。所以现在姚医生每周一、三、五来秋霞小区,都要到驿站落脚,说休息、联系工作都可以。一些5、6楼的居民干脆也不一定让姚医生上楼了,自己跑到驿站看"门诊"。

对于姚医生的情况,刘站长也很了解。她早年毕业于Y区卫生学校,也就是说,是个中专生。毕业后是一个"医士",一般分配当厂医,或进地段医院。虽然学历偏低,但实践经验却很丰富,在当时这种情况很普遍。后来强调学历了,他们由于年龄也不小了,只好通过上J大学医学院的夜大学,完成大专学历,还在地段医院工作,技术职称却到了中级——主治医师,再也上不去了。这些医生却很受老百姓欢迎,不是疑难杂症,一般他们都能应付。姚医生实际已经过了退休的年龄了,但眼下医疗力量不足,她仍旧被CJW社区卫生中心返聘。

刘站长的女儿梁洁是J大学医学院护理专业的本科学生,今年夏天也要毕业了。小梁长得很像她的父亲,脾气也像,不像刘站长有些城府,很单纯,也很爽朗。当时梁、刘夫妇让孩子学护理也有他们的"算盘"。他俩因为自己都学历低,最后都下了岗,认为一定要让女儿多读书。另外,看到人家的小孩上大学,又是留学,最后留在了海外,很是羡慕。当知道国外护士特别吃香,就让她考大学的时候报考护理专业,这当时让许多周围的人不解,上医学院不念医疗专业,将来当医生,却去学护理专业,以后当护士。小梁很争气,中学的成绩还真不错,让她报考J大学医学院护理专业,也如愿录取。为了让她今后到国外很快适应,还在周末,让她上外语学院业余的口语班。所以现在小梁已经能说比较流利的英语了。眼下到了写毕业论文的时候,尽管在学校确定了导师,实际上老师很希望学生在校外自己找到合适的辅导者的。俗话说:"近朱者赤,近墨者黑"。父母亲,尤其是母亲都在从事居家养老的事业,耳濡目染,多少对她有些影响。她在母亲养老职业培训的教材中发现与护理专业有许多的重复,所以当撰写毕业论文时,她的开题是:《居家养老卒中老人康复的护理》,后来她听说了CCHC这个概念,又把题目改成《CCHC居家养老模式中的卒中老人的康复护理》,她的导师以前连CCHC概念是什么也没有听说过,非常支持她选择这个目前大多数人还陌生的概念作为论文题目。但导师不可能给她更多的辅导,希望她自己物色,名义上还是原来学校的老师,否则,将来答辩时会有麻烦。她与父母商量后,他们选择了姚医生,她有经验,又彼此熟悉,再说梁、刘两口子也没有太熟悉的,已经达到可以委托辅导写论文的程度更高级的医生。姚医生也不好意思推诿,因为一则是朋友,二则她在工作上也有求于刘站长。另外,她知道小梁很聪明,不需她过多的花费精力。但嘴巴上姚医生还要声明一下:"我可只是一个中专生啊！水平有限，你们看得起我，我就恭敬不如从命了。"姚医生认下了这个"学生"。因此，驿站也成了小梁临时的课堂，毕竟姚医生是不能在地段医院里辅导小梁的。小梁光在这里写论文，刘站长也不好向上级和同事们交待，于是就让她也当一个志愿者吧！

刘站长哪里知道，她的女儿一当志愿者，与另一个志愿者来自F大学的研究生小周产生出爱情的火花来。小梁第一次跑进楼上吴慧英的办公室，发现一位小伙子正在电脑上网寻找加拿大CCAC养老模式的资料，全部是英文。英语不错的小梁冷不丁说了一句："Cloud you read English paper？（你能阅读英文论文吗？）"

小周被突然而来英语吓了一跳，抬头一看，一位面容姣好的姑娘站在他的面前，这让平时不善于与女孩打交道的他很紧张。既然人家已经用英语问你了，不回答也有点不礼貌，他哆哆嗦嗦地回答了一句："A little.（一点点）"。坐在对面的吴慧英发现这个情况，忍不住笑了出来，对着小梁说：

"来！我给你们介绍一下，这位是F大学在我们这里当志愿者的周纯同学。"

"你好！"小梁大大方方地向小周伸出手。

周纯勉勉强强也伸出手去握梁洁的手,眼睛看着吴慧英,嘴巴里嘀咕:"这位是?"

"你还不认识啊?她是我们刘站长的千金梁洁小姐!"吴慧英开玩笑的口气说道。

"你好!"周纯低声地应付着。

"以后请多多关照!"刚见面,小梁就开起玩笑来了,早就从母亲那里知道有一位F大学的研究生在这里写论文,她其实不需要吴慧英介绍的。

"彼此,彼此。"周纯讲的是真心话,因为他现在也需要刘站长的关照。

从今后,小梁经常跑到楼上来,找周纯说英语,小周也知道了小梁也在写毕业论文,大家的论文都有CCHC的元素,所以也就有了共同语言。尽管吴慧英的英语水平够呛,但她渐渐地发现,他们的语调低了起来,知道这里面有戏了。但她还不敢告诉刘站长,因为她晓得刘站长一心一意要让女儿毕业后去国外留学然后留在国外的。而刘怡梅尽管很精明,但不懂英语,见女儿经常与小周在一起讲英语,以为他们是用英语讨论毕业论文,也是彼此交流练习口语的好机会,她哪里知道他们"讨论"的内容大半与论文关系不大,不

过口语水平提高倒是事实。况且，他们在刘站长面前讲英语的口气，完全像在讨论问题。她甚至还对小周说：

"你是研究生，帮帮这个本科生啊！"

"应该，应该"心虚的小伙子连声回答，心里在暗喜，这样与小梁经常在一起，是"合法"的了。因为得到了"准丈母娘"的"恩准"。

姚医生让小梁代表她陪宋老伯去"中心康复部"执行理疗方案，因为宋老伯的病情和处理方法是小梁论文中可以引用的最典型的案例。每当去"中心康复部"的时候，小梁总会借口女孩子力气小，要让小周陪自己一起去推宋老伯的轮椅，本来他也是跑外勤的。刘站长也没往那里想，也就同意了。

因为现在有电梯了，从处于5楼的宋家到地面上来，已经不是问题了。从秋霞小区到CJW社区养老服务中心所在的春蕾的小区，相距2站路。两个年轻人推着轮椅，有说有笑，一会儿就到了。按照年龄来说，他们应该称呼宋老伯为"爷爷"，他坐在轮椅上，看着两位年轻人一面谈笑风生，一面不时地叫着"爷爷，您坐得舒服吗？感到冷吗？"等关心的口吻，受到了感染，心里也觉得轻松起来。似乎真的是自己的孙辈孩子在陪伴自己。老的和少的都迎着和煦的春风前进在"幸福的路程"上。

十六

郭星浩、宋春芬夫妇在领教了CCHC体系的一般服务后,也见识了它的专业服务的"风采"。刚到秋霞小区,宋老伯很想洗一次澡。自从得病后,他只"享受"了"擦澡",还没有真正泡在水里"洗"过澡。宋春芬上次在"中心"看到过专业洗澡的服务,但那是在装有专门洗澡槽的地方,如果在家里,恐怕就没有办法了。一次她在与朱蕙群电话过程中,无意之中说到父亲想洗澡,朱总说,没有问题。宋春芬在向驿站登记了洗澡的要求后,约定时间,每次到"中心康复站"做理疗,小周、小梁同时也带上陈颖奶奶为老伴准备好的替换的衣服,在理疗完毕后,乘电梯用轮椅将宋爷爷送到二楼的洗浴服务公司里面为瘫痪老人服务的洗浴室,把宋爷爷交给里面的工作人员后,他们就在外面等候聊天,此时正是他俩谈心的最好时光,没有人来打扰。大约20分钟后,宋爷爷满面红光从洗浴室被送了出来,洗过的头发也已经吹干了,显得很精神,好像健康人一样。

如果夏天要在家中洗澡,也是事先先要在驿站登记,CWJ 中心洗澡服务公司登门服务。有一次是星期天,郭星浩、宋春芬夫妇正好也在。昨天他们去 C 区那里的房子看儿子和他的爷爷、奶奶了。小郭的父亲郭景武已从美国洛杉矶直飞上海回国了。他们哈尔滨的家算是铁将军把门了。当晚把儿子带回了 H 区的家,今天带了儿子来看外公、外婆,毕竟郭松滨小时候是外公、外婆带过的,彼此有着深厚的感情。有时郭景武、张燕霞老两口也会随儿子、儿媳到 Y 区来看望亲家,说实在的他们在上海也没有其他的亲朋好友,有点寂寞。那天午后 2:00,来了两位男性的洗澡服务人员。"阿姨好!"他们进门先跟陈颖打了招呼。接着看到郭星浩、宋春芬夫妇也在,也友好地互相点头问好。

在这之前,大约 1:30 左右,驿站的阿德哥先登门把家中的空调温度提高,逐渐达到规定的 24—26 ℃ 之间。如果是女的业主要洗澡,不仅来的服务员是女的,而且驿站也应该是刘怡梅先登门调节温度了。宋春芬陪了儿子在外面一间做作业,现在的孩子也真可怜,连星期天也要学习。当然平时小两口也没有时间管孩子的功课。陈颖则在里屋为老宋洗澡做些准备,郭星浩也觉得作为

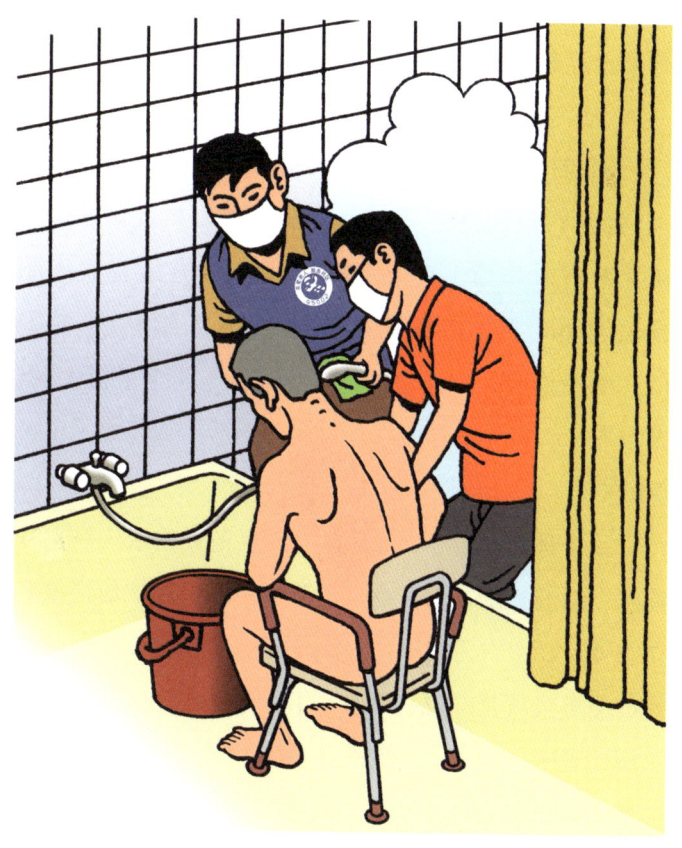

姑爷此时不应该束手旁观,看看能帮岳父做些什么,当然他对给残疾人洗澡的过程也有点新鲜。这已经不是老宋第一次在家中洗澡了,事先对方把他们的服务要求的标准已经告知了老宋和陈颖,另外,有阿德哥在,也是一种"第三方监督"。

那两位男性的洗澡服务人员携带规定由他们提供助浴的材料和器材,并确认家属应该提供的诸如洗头液(淋浴时使用)、沐浴露或者肥皂(老宋喜欢用肥皂)、毛巾、助浴擦身用品(如丝瓜筋)、指甲剪、梳子等,防滑拖鞋、防滑垫器材、洗浴凳(或坐浴板),以及被服务者替换的衣服是否已经齐全后,就开始了正式"操作"。

一个体态稍胖的是"上手",他先去放水,他先开冷水,后开热水,大概是为了避免烫伤浴者,他将水温调至40℃左右,就喊了一声"可以进来了!"那位稍瘦的服务员就是一位"下手"了,他和小郭一起把脱完衣裤的老宋,扶进了浴室的冲淋棚。上手从小郭手中接过老宋的臂膀,与下手一起搀扶老宋坐稳在洗浴凳上,然后,上手又对着老宋喊了一声:"宋伯伯,开始洗头啦!"因为有喷头的出水声音,所以他也只能大声喊了。

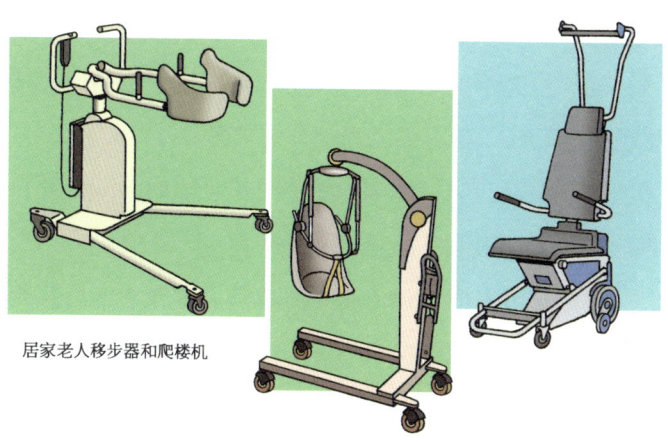

居家老人移步器和爬楼机

小郭只见岳父点了点头。

"闭上眼睛!"上手又在大声发"指令"了。他先用清水给被服务者擦洗面部,又用肥皂加清水洗净老宋的耳朵后部及颈部,接着用肥皂加清水洗净被服务者的上肢、胸部、腹部和背部,再用肥皂加清水洗净被服务者的双腿、会阴部和双脚,最后用些清水从颈部到下身清洗一遍,直至不留肥皂泡沫残留。小郭看着他熟练又利索的操作动作,很有点"表演"的美感。

"把他扶起来!"他在命令下手了。他们二人将老宋搀扶了起来,用毛巾将老宋全身擦干,扶出冲淋棚。

然后在浴室内给被老宋穿上衣裤,因为老宋是右侧瘫侧,于是他们就先给老宋穿右侧,再穿左侧。穿完衣裤,他俩将老宋扶回床边,上手为被他梳理头发,然后用电吹风吹干老宋的头发。把老宋躺平后,盖好被子,还为老宋修剪了指甲。此时下手正在打扫"战场",他刷洗澡盆,擦干地面,将老宋换下的脏衣裤交给了陈颖。然后整理沐浴用物,打开浴室的窗户。这洗澡的操作程序就算完成了。

"阿姨请签字!"上手从口袋里拿出任务单,请陈颖确认任务完成情况并签名。

"谢谢啊!"陈颖一边带上老花镜签字,一边致谢。

"不要客气!应该的。"上手回答。

"如果老人瘫在床上能洗澡吗?"小郭好奇地问上手。

"当然可以。"上手很自信地回答。"有一种专门可以充气的洗澡槽,铺在床上就可以给瘫痪老人洗澡了。我们下一位要洗澡的老人就是一位全瘫的老伯,有关的设施就在楼下的小车里。"接着小郭看见他拿着手机,在上面按了几下按键,对着手机自言自语说道:"8号501室完成了。"

"他是通过APP在向中心的洗澡公司报告工作进度。"小郭懂的。

"再见啦!"来者与业主一家告别。

小郭由于对充气的洗澡槽有好奇心,也算对来者的敬意,陪着上手、下手和阿德哥等三人乘着电梯,送到楼下。他让上手给他看看床上洗澡设备,原来是用类似防水帆布做的槽子,不过现在它被折叠着成为一捆。另外,还有一只小的气泵和一些抽水用的虹吸管。接着上手坐上了驾驶座,下手则坐在副驾驶座上,他们都打开车窗,与小郭和阿德哥挥手道别。

看着小车远去,小郭伸出手与阿德哥道谢:"谢谢您了!"

"没有事体!"阿德哥回了一句,还是他的标志性语言。

"到底是专业的洗澡公司。"郭星浩自忖。

十七

最近发生的一切给了郭星浩很有启发,他向自己单位的总经理汇报了最近的经过,提出开辟研制老年用品的新产品的转型建议。总经理最近也在为企业的下一步发展感到一筹莫展,因为他们这些长期搞实业的群体,对搞虚拟经济,还是很陌生的,不敢轻易踏入这个领域。可是转型的出路又在哪里呢?听到小郭的介绍,感到可以探索一下。表扬了小郭有主人翁意识,鼓励小郭开创新的路子。

他决定按照同丽建材市场的成俊总经理的建议,先去上海市楼宇科技研究会拜访一下雷秘书长。他事先打了电话与他相约,然后就在一个星期二前往,因为雷秘书长一般星期二都在研究会办公室。小郭因为有了领导的支持,做调研完全可以运用工作时间。他如约在一个星期二下午前往设在上海地标建筑之一——智慧广场内的上海市楼宇科技研究会秘书处。为他开门的是秘书小夏,一位年近古稀的长者就是雷晓峻副理事长兼秘书长，大伙儿都习惯叫他"雷秘书长"。另一位50多岁的女同志，是专职副秘书长兼办公室主任章和玲女士，她和雷秘书长一起了接待小郭。

小郭向他们再一次说明了来意，毕竟在电话里与雷秘书长讲的只是只言片语。雷秘书长虽然年事渐高，但反应倒也不慢。他告诉小郭："如今实体经济虽然有下行危机，但机遇还是不少的。像我国，尤其是上海的老龄化，看上去是一种社会的负担，实际上是一种机遇，看你能否抓住。像你想到开发老年用品就说明你已经对此有了敏感。"雷秘书长首先肯定了小郭对市场有敏感性的优势，而不是看着眼下做汽车配件还有日子好过。

"那您看我们朝哪个产品转向比较合适呢？"小郭的问题直截了当，他这个东北理工男就是习惯这样思维的。

"我并不了解你们企业的具体情况，不过我可以给你提一点参考。"

"请指教。"

"目前有90%的老人要采取居家养老的形式过老，他们有许多的需求目前还没有供给，如果你们能够提供他们急需的产品，生意不就来了吗？"雷秘书长用询问

的口气讲着。

"你们找同丽建材市场的成俊总经理方向是正确的。"雷秘书长接着说:"他们开辟适老性住宅改造的配套材料,就是抓住了机遇,他们与海阳集团建立战略合作关系,就知道了居家养老老人的需求,但市场只是一个平台,其产品是要你们这样的实体企业提供的。"

"那我们如何进入老年用品市场呢?"小郭还是希望雷秘书长讲得再具体一点。

"当下的市场,一个中小型的企业没有特别突出的产品是很难立足的。只有抱团集成才是最好的生存环境。你不是已经与海阳集团的朱总认识了吗?她是你夫人的同学,她对当下老人的需求最了解了,你们可以一手拉着海阳集团,另一手拉着同丽建材市场,有了好的产品不愁没处销售。"

"对啊!"小郭有点恍然大悟的感觉。

"这实际上就是让你们的产品成为居家养老产业链上的一个不可或缺的一环!"雷秘书长点出了问题的关键。

"您说得太对了!我回去马上向我的领导汇报,"小郭兴奋地说道。

"听你说话的口音好像是东北人啊?"雷秘书长问道。

"哈尔滨人。"小郭回答。

"老家在哪里?"

"马家沟,哈工大和铁路局一带。"

"是吗!"雷秘书长带有点惊喜的口气。

"您熟悉那里? 雷老?"小郭开始改变对雷秘书长的称呼。

"我20世纪70年代就在西大直街哈尔滨铁路局的工务处工作。"

"工务处? 我爸爸原来也是铁路局工务处的工程师!"小郭也开始激动地惊呼起来了。

"他叫什么名字!""雷老"也有点激动起来了。

"郭景武。"

"原来你就是老郭的儿子啊?"

"你们认识?"

"岂止是认识,还是要好的同事呢! 我当年调回上海铁路局,他还请我吃了一顿三鲜饺子呢!"雷老在四十多年后还记得那顿钱行的晚餐。

"他现在就在上海!"小郭说道。

接着雷晓峻告诉小郭,当时的工务处叫"工电处",下面有三个科:工务科、电务科和房产科。雷因为是学桥梁的,在工务科,郭景武是哈尔滨建筑工学院毕业的,学的是工业与民用建筑,所以在房产科。因为当时全面学习苏联,专业分得太细,其实桥梁与工民建的基础课是一模一样的,到如今都是土木建筑专业。当年"小雷"没少讨教比他仅大了几岁的"老郭",当时业余生活也比较枯燥,打桥牌是一个不错的选择,他们也经常在一起参加桥牌活动,还是一对"搭子",彼此心中已经达成一种默契由此还成了忘年交。其实小郭小时候,雷秘书长也应该看到过,后来因为雷晓峻较早地离开了铁路系统,与郭家太长时间没有联系,才会彼此见面不相识。

"星浩"雷也开始改口了,"你以后叫我雷叔叔,有事尽可以找我!我不在可以找这位章秘书长!"

"有事找我!"章女士在旁边一听他们之间有这样的关系,也马上接过话去。接着她又热情地邀请小郭参加楼宇科技研究会。

"我要请你爸爸、妈妈吃饭!"雷秘书长发出了邀请,请小郭传达。

老郭一听当年的"小雷"还在怀念着他,也显得很激动,况且,他在上海还没有太要好的朋友。只过了四天,星期六他们两家就在智慧广场四楼的知味观餐厅见面了。"老郭"和"小雷"热烈地握手相拥,张燕霞是应该认识雷晓峻的,但他们都没有见过"小雷"的夫人程女士,其他人大多数是第一次见面,所以彼此还有些拘束,但"老郭"和"小雷"可是有说不完的话。他们首先要交流的是当年工电处的老同事如今的情况,人生如梦,有一半的老同事已经作古,岁月不饶人啊!他俩感慨着,连当年的最年轻的"小雷"如今也快70岁了。

"雷老弟,你怎么搞起养老来了?"土木工程师老郭很是不解,因为他从儿子那里知道雷老弟在研究居家养老问题。

"说来话长,我开始在上海铁路局工作,后来因为复杂的原因,在90年代中期调到房地产行业,一直到如今,我们的研究会开始是研究智慧楼宇的,如今的建筑已经不是我们当年那样,连桥梁和工民建都要分成两个专业,如今的智慧楼宇要涉及绿色建筑、自动化集成、现代物业管理和融入'智慧城市'等四个维度。需要这些专业的专家一起集成研究,才能解决问题。"

"天哪!你说的连我这个老工程师都有些听不懂了。"退休多年的老郭觉得自己有点落伍,跟不上时代发展的步伐了。"你还是没有回答我的问题啊!"

"我们研究会里有一个老年用房及其设施的专业委员会,三年前我们的郑惠强理事长就觉得养老问题是一个值得研究的课题,张桐昊副理事长认为重点要放在'居家养老'上,于是我就领衔进行了《居家养老保障支撑体系的研究》的研究,并取得了成果,但当时似乎有点超前,没有引起社会重视,就歇搁了。"说到这里"雷老弟"有点沮丧。

"后来呢?"

"后来老年专业委员会的第一任主任委员,原J区民政局的胡局长推荐了海阳集团的徐超董事长,他们在居家养老方面有许多成功的经验,也提出了CCHC模式,但有点碎片化,因为海阳是我们的团体会员,所以我们就与他们共同研究制定了《CCHC标准1.0》,使双方的成果体系化。于是就有了今天我们见面的机会。"

"哎!吃饭了,别让其他客人尽听你做报告啦!"雷夫人开始责怪自己的老伴。"这是这里最有名的龙井虾仁,快请尝尝!"女主人先把菜肴夹给了郭松滨,并笑

着对他说:"小朋友,饿了吧?快吃啊!"

雷晓峻也觉得不能在这里再谈专业,让大家敞开品尝诸如东坡肉、西湖醋鱼等杭州名菜。但"三句话不离本行",他又在与老郭"谈专业了"。

"以后有机会我陪您去看看正在建设的Y区的CCHC居家养老委员会和总部以及JY社区中心合一的建筑,那是按照'智慧楼宇'的要求建设的建筑物。"他怕太太再一次打断他的发言,最后只与老郭讲了如今的CCHC建筑的建设不是一上来就委托设计院设计,事先要有由熟悉智慧楼宇和CCHC标准的专业机构做作前期策划后,再委托设计院设计。

"有道理,我们以前工务处的房产科除了日常维修管理,还有一个职能就是对即将建设的建筑提出功能的要求,但在计划经济时代,这一点被忽略了。"还是郭老兄理解雷老弟。

临别时,雷秘书长送给老宋三本书:《幸福相对论》《幸福就在当下》《幸福永伴你我他》,说这是他这些年来的"业余爱好",公开出版的散文集。他以书会友把书送给亲朋好友,也有了一批他的粉丝,但其中《幸福相对论》一书,因为出版年头已久,已经买不到了,里面有一篇名为《在东北日子里》的文章,就谈到他和郭景武的交往。为此雷秘书长从自己珍藏为数很少的几本中拿出一本,连同后两本一起送给这位老友。老郭听说书本里还写到过自己,也很激动,说明这个小老弟心中还有自己的位置,连连说道:"我回家后,一定好好地拜读!"

十八

在郭星浩为单位寻找新的经济增长点的时候，宋春芬也在为自己寻找新的出路。她是从对海阳集团的情况，尤其是财经状况的了解，逐步产生了能否"跳槽"进入海阳集团这个她的老同学朱蕙群所在的单位就职的念头。

小宋开始关心的是她父亲和母亲进入CCHC体系，有许多服务是要付费的，尤其是他父亲的长期康复护理的费用，她最关切了。毕竟如今她和小郭再也比不必为爸爸理疗而请事假了。最后她发现这笔费用很少，于是她就"调研"起来了。

朱总告诉她，现在上海市有一种"长护险"的统筹资金正在试点，我们Y区就是属于试点区。像你父亲的情况就可以享受这种优惠：90%的费用从这里支出，只有10%的费用才进入医保，也只有他医保年度费用用完后，有自付段的时候，才按规定的比例自己掏钱。这还会有多少呢？

"乖乖，不可思议！"小宋非常吃惊。

此外，老年伙食如果从"CCHC中心"派送，也有补贴在里面。居家养老的服务费也收得很低，如目前没有电梯的新公房，用一次爬楼器只要支付2元钱。每个月所有的费用在"中心"的财务部统一结算后，送来账单。可以由驿站代收代付，也可以运用"支付宝"划账。当然，朱总告诉她，目前员工的薪酬还是偏低的，这也要通过各种途径来改善。另外，也希望政府政策倾斜，因为CCHC体系中90%老人的家庭都成了"小型养老院"，原来对养老机构建设大量的支出，应该转移到从事居家养老的员工的口袋里，让他们的口袋逐渐地鼓起来。提高服务水平恐怕是最主要的途径，市场上的"月嫂"，工资可达上万元，大学毕业生也愿意去做这个以前只有"保姆"才肯做的事情。

她曾应朱总的邀请，与郭星浩一起去了位于Y区CJW商务中心的海阳集团总部，它位于一座商务大厦的5楼，一上楼，在海阳集团的门口挂满了各种牌子，如上海市楼宇科技研究会老年用房及其设施专业委员会、F大学的实习基地、上海市老年科学学会等研究机构。一进大门，里面除了大大小小的办公室、办公区和会议室，有不少反映海阳集团发展的历史，大小领导来参观视察以及徐超董事长社交活动的照片，都布置在走廊和办公室、会议室的墙壁上。还有智慧养老演示区，朱总让她和小郭先后坐在一张沙发上，前面有关他俩的各种生理指标，如血压、心跳等数字都一一显示出来。旁边还有各种各样老年用品，五花八门，琳琅满目，令他们目不暇接。

最令他俩印象深刻的是电话服务后台。十几位中青年女士分坐在划成各占一格的工作区内，各有一个屏幕在面前。她们戴着耳麦连着话筒，正与各自联系的老人在询问、谈心甚至聊天。"张伯伯、李奶奶"叫得那么的亲切。小宋在遐想，将来她父亲大概要与其中某一位话务员结成对子了。在她们前方有一块大屏幕，上面显示的是上海的地图，各个区用不同的颜色为底色。上面许许多多红点闪闪发亮。她悄悄地问朱总："那代表什么意思？"

"那是代表我们管理的老人现在所处的位置。"朱总介绍道。

"那是用 GPS 定位的吧？"郭星浩问道。

"是的，不久的将来就可以用'北斗'定位了，成

本可以降了下来。"朱总又说。

给她第一个与海阳集团财经相关的概念,就是在 CJW 社区 CCHC 中心三楼看到的"专项资金管理中心"这个她尚不了解的事物。于是她问过朱总,这些专项资金管理中心的专项资金是那些资金?朱总告诉她,这些资金包括:各级政府年度财政中专门划拨给社区、居家养老的资金;慈善机构赠送给养老事业的资金;老年基金会为某个项目支援给区、社区两级的资金;政府部门为某个专门为老年人享受项目或者调研项目的划拨资金;还有企业家、社团捐赠的款项等等。另外,社区给老年人的餐饮补贴,也逐月先进入专项资金中心,再划拨到各个 CCHC 中心的专用财务管理分中心后,转给那里的餐饮分中心。她听到朱总在说,CCHC 体系还在开发新的与金融相结合的项目,缺的就是懂财经的高级专业人员,这一点就让宋春芬动了心,看来 CCHC 的财经不是一种简单的企业财务运作。

后来朱蕙群又带宋春芬去看正在建设的 Y 区的 CCHC 居家养老服务指导中心和总部以及 JY 社区中心合一的建筑,那是一座建设在一块绿地中的建筑,从地面上看去只有两层,走近一看是三层,类似静安寺的下

沉式广场，下面是老年活动室等活动场所，还有一处近3000平方米的CCHC体系展示体验馆。由于房子是"嵌"进去的，周边已经长高的树木把房子"包围"起来了，环境非常优美，真是老年人的乐园。

"在这样优雅的环境里工作是不错的。"小宋也是这么想的。

朱蕙群告诉小宋，海阳集团通过Y区政府牵线，正在与某保险公司洽谈一种新颖的养老险种。如以前一般对待老年人到了60周岁，保险公司就不再保人生险、大病险了，如今人的寿命普遍长了，这就为开辟新的险种提供了机遇。另外，家庭住宅适老性改造也可以通过买保险来得到解决。我们徐超董事长非常希望有高层次懂金融的财务人员加盟，如果你可以考虑，我愿意推荐你。

小宋经过反复的思考，觉得虽然去海阳公司开始收入可能会低一些，但离父母家和自己的小家要近了不少，在父母的晚年应该多照顾他们一些。另外，这项工作有挑战性，可以学到新的东西。如今海阳集团已经在上海以外六个省市，开辟了新的市场，而且还在海外酝酿上市，都可以给自己带来事业和经济上的改变。她觉得这是一个有前途的岗位。在征得郭星浩的支持后,她决定尝试"跳槽"。经过徐超董事长亲自面试后,任命她为Y区的CCHC综合养老服务总部的财务总监。

十九

这是8月下旬的一天,宋建良今天很早就醒了,为了不影响在外间睡觉的老伴,他一直忍着不发出声响,在床上躺着。心里却平静不下来,因为今天上午他与老伴将要到C区去看望他们的小孙子郭松滨和他的外公、外婆。老宋的康复情况很理想,他在室内走路已经不需要旁人搀扶。在室外,拄着拐杖,他也可以独立走上100米左右。

他们自从松滨的学校放暑假之后,就回到哈尔滨避暑去了,与其说避暑,实际上是犯"乡愁"了。老郭和老伴的户口还在东北,跨省医保问题虽然中央已经提上议事日程,但眼下还要回去报销。老郭也没想到,以前他在哈尔滨的朋友面前以"姑爷是北京人,儿媳是上海人,外孙女是美国人"为自豪的"资本",如今成了一家四口经常分布在三个地方的"乡愁",连他"叶落归根"都成了问题。

到昨日才回到上海,因为学校就要开学了。本来让他们来Y区也许更方便些，但他们毕竟车马劳顿，今天需要休息，但将近两个月没有看见外孙的迫切心情，让宋建良、陈颖老两口决定今天由驿站刘站长派来的志愿者陪他们跑一趟。

如今陈颖也几乎不做饭了，有CCHC体系这么好的老年餐饮条件，她还要做饭干什么？就是宋建良这个山东老头子的饮食习惯还保持着对鲁菜的喜好，让她这个无锡人大半辈子在他们家中实行饮食口味的"一家两制"，在菜是"甜"还是"咸"上争论了一辈子。现在好了，各人想吃什么，就可以在头一天，按照CCHC体系中央厨房的菜谱，以及CJW社区养老服务中心和驿站提供的"特殊供应"食品清单预定，老头子爱吃什么，就点什么，不过对他能吃什么，还要让家庭医生姚彩琴干预一下的，毕竟他是个病人。星期天女儿一家来了，想改善一下，就让女婿开着车去"中心"餐厅"撮"一顿，既符合老年人的口味，又顾及了年轻人的习惯。

7:00老两口的早餐已经结束，陈颖下楼去早锻炼——又重新干起了她的"老本行"——跳广场舞，因为他的中风，她已经有大半年没有跳了。如今在春蕾小

区，大妈们跳广场舞，居委会也进行了引导，给她们找了小区旁边一块对居民干扰比较少的小学操场，趁着小学生还没有上学的时间差，让她们尽情地跳，也让小学的广播操的扩音喇叭为她们播放比较悦耳的舞曲。

老宋则打开了电视，看上海电视台的早新闻。他其实是关心气象预报，除了因为天气与他们的出行有关，看气象预报仍旧是他们老一代的生活习惯。"啊！王媛又出来了！"那几位气象节目的主持人似乎成了宋老伯的小辈，他每天看这档节目，几年下来，他对那几位主持人的出镜情况了如指掌，开始是博宁、王媛和国情，一男二女三人，后来那个叫国情的姑娘不见了，又先后来了子晔和尚超两位姑娘。前段时间王媛又不见了，估计是去"生孩子"了，老宋这么猜测着，好像他们都是他的小辈。据王媛介绍，今天天气不错，是多云，气温也在27—33 ℃之间，东南风3—4级，适于出门。

接着老宋又躺在床上，给自己的胳膊套上电子血压器的袖套，量血压了，同时把面孔对着前方的探头，与后台的话务员小曹说上话。一会儿传来小曹的声音："宋爷爷，您的指标都正常，我就不再通知姚医生和小宋他们了。"宋建良自己也放了心，说明今天可以去看外孙了。如果不好，姚医生马上会上门来诊断，驿站也不会安排车子去C区外孙那里了。

小宋来了电话，让他们把GPS定位的手环戴好，免得跑丢了好寻找。她和郭星浩也给郭景武、张燕霞老两口准备了手环，他们两个外地人，对上海地理不熟悉，更需要了。据朱总介绍说，这手环里有一块芯片，如同一个手机，各人的数码也不一样，便于识别寻找。

9:00光景，刘站长领来一位60岁左右的男志愿者老褚，陪同老两口去探望外孙，他其实也是春蕾小区的居民，居委会搞了一种叫"时间银行"式的志愿者组织，就是让年轻老人为耄耋老人服务，他付出的时间，记载在他的个人"账号"上，等到他更老时，可以享受别人为他的义务服务。如今在春蕾小区，"时间银行"也被列入了CCHC体系"一般服务"范畴的运作。刘站长说，为他们预定好往返的出租汽车，已经停在楼下。

把老宋他们送走了，刘站长回到驿站，发现她的女儿梁洁也在驿站，她前些时间已经顺利地通过了毕业论文的答辩。因为她的论文题目是《CCHC居家养老模式中的卒中老人的康复护理》，她在这里获得了详实的第一手资料，再加上有小周这位学社会学男友的帮助，论

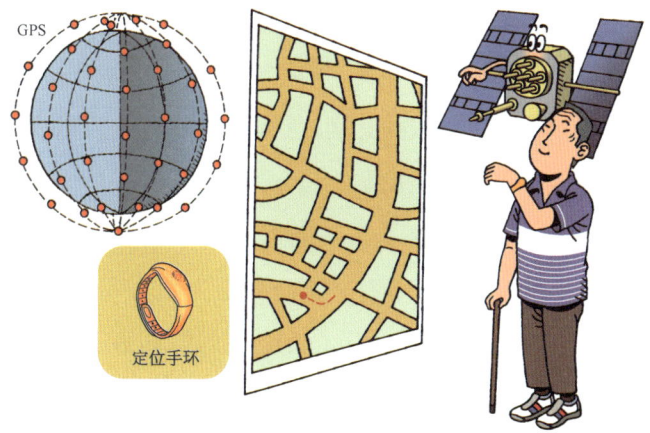

文质量自然不错。尤其是耐人寻味的是,她的论文是社会学与医学两门不同专业交叉的边缘科学文章,学校邀请前来参加答辩的专家,不是学医的,就是搞社会学,他们虽然很想表现自己的学术水平,但当医学专家问及医学方面问题的时候,小梁往往从社会学角度来解释,使专家感到恐慌,因为他不熟悉社会学,怕再多问会引起旁边社会学专家的笑话。同样社会学专家也有这样的问题,他们可以采取的态度就是说小梁的论文质量属于上乘,当然事实上也确实不错,因为"爱情"的力量在这里发挥了作用,不是有一句俗话说:"男女搭配,干活不累"吗?让刘站长感到蹊跷的是,女儿不肯到国外留学了,她选择了到Y区CCHC总部培训部工作。这让她有点不快,让女儿去海外发展,是她和丈夫的长期打算。可是女儿改变主意了,而且她发现老梁也不像以前那么坚持了,还反而说"孩子大了,让她自己拿主意。"精明的她开始思考了,她已经在怀疑,问题是否出在F大学来的研究生周纯的身上,因为除了他俩一起送宋老伯做理疗外,讨论论文也不需要经常在一起啊!刘站长也想过小周是否可以做自己的女婿,眼下上海与许多发达的地方一样,好的姑娘找不到优秀的小伙子而成了"剩女"。听说人民公园的相亲角里,女孩的家长成群地追着男孩或者家长的现象比比皆是。如果梁洁也成了"剩女"她是不甘心的。摆在面前的小周,学问好,人正派,虽然不算一表人才,但也说得过去,况且女孩子比较看重的个子,这个山东青岛男孩有近1.80,可以啦!但她又一想,她的女儿是准备出国深造并留在海外的,再想想,小周毕竟是个外地人,有点小小的遗憾。这是这个年龄段的家长普遍的"地方主义",最让她恼火的是,如此精明的她,居然至今还被蒙在鼓里。

此时,小周早就到了驿站的楼上办公室了。他的硕士论文也获得一致好评,因为他是硕博连读,所以还要继续他在F大学的学业,下学期就攻读博士学位了。现在他在为他的导师毛教授与海阳集团合作编写的一本书收集资料,因此他不再天天来这里了。今天他与小梁通过电话,相约会面。但商量论文和陪同宋老伯做理疗的理由作为恋爱的挡箭牌却不存在了。小梁叫了一声"林伯伯"后,还来不及对着林忠德打招呼,就急急地跑上楼梯。当楼下响起阿德哥的越剧《梁山伯与祝英台·楼台会》的唱词:"小别重逢梁山伯,那英台又是欢喜又伤悲……"周纯知道小梁到了。

随后，姚彩琴医生也跨进了驿站的门，她发现坐在接待厅里的刘站长的脸色有点不悦的样子，就问道："有点不舒服吗？"说着用右手去摸摸刘的前额。刘站长推开姚的手，摇了摇头。姚医生看看阿德哥，发现他在对自己眨眼，做鬼脸。知道刘站长在生气。

"你又惹刘站长生气啦？"姚医生故意责问林忠德。

"我敢吗？"阿德哥嬉皮笑脸地反问道。

于是姚医生又问刘站长不高兴的原因。因为姚医生也算有身份的人，又是自己多年的知心朋友，于是流着眼泪，把自己的烦恼一五一十说给了姚医生听。其实姚医生自然是早知道她的学生与小周的恋情，她是支持的，因为她了解医学院的护理专业学生男少女多的现象，找同班同学的机会很少。况且，小周又那么优秀，这时应该出手帮助他们了。

"啊呀！你为这在不高兴啊？真有此事吗？"她还故意装得不晓得。"阿德哥你知道吗？"阿德哥这个人没有太深的城府，居然点了点头。

"你看连他都知道，我却不知道！这个死丫头对老妈都隐瞒，你说气人不气人啊！"刘站长更加恼火了。

"啊！我都替你高兴都来不及，你还在那里生气，真是大可不必！"姚医生开始开导刘站长。"姑娘谈恋爱，不到成功一般是不敢告诉家长的，尤其是她知道你们想让她出国深造。"其实姚医生知道像刘站长这样有控制欲的家长，确实不能让她事先晓得。

"这么好的女婿哪儿去找啊？要是我笑都笑不动了。"姚又说了。

"我承认小周是很优秀的青年，但不能瞒着我啊！"

"人家是来实习的，像他那样腼腆的小伙子会对你说吗？"

"肯定是那死丫头主动的。"知女莫如母。"那出国怎么办啊？"

"哎，你真不领行情，如今海外的留学生都赶紧往回跑，你还这么迷信外国啊！"姚医生进一步说服刘站长。

"我那次去老宋家，听来探望老宋的亲家老郭说，现在美国的华人，都有点失落，他们早年出国在那里拼搏，没有想到中国发展得这么快，如果他们把美国的别墅卖掉，得到的钱，回到北京、上海还买不起这里的房子！你看看，你还要把孩子往外国送。"姚医生的口气有点"教训"刘站长拎不清的样子，阿德哥都觉得很突然，她平时对刘站长说话都是和颜悦色的。

"我只是想让她进一步提高水平！"刘站长开始"抵赖"她想让孩子留在海外，她也好出国定居住洋房的企图。

"我听说，海阳集团的徐董事长有长远的打算，他会通过与国外企业合作的途径，把优秀有前途的员工送到过外深造，你们梁洁这么优秀，怎么会没有机会呢？"

这一点，刘站长被姚医生说得哑口无言，但她还不服帖，于是借口小周是外地人不太理想。

"都什么年代了，你还有这种观念！"姚医生继续开导她。

"外地人怎么啦？你爷爷不也是从常州移民过来的？也是外地人。老宋是山东人，小郭是东北人，他们不是都过得很幸福吗？"姚医生又半开玩笑说："人家小周青岛那里可是出俊男靓女的地方，像唐国强、宋佳、倪萍那些漂亮的大明星都是青岛人。"

"我看你女儿和小周命中就有缘分！"姚医生又笑着说。弄得刘站长莫名其妙。阿德哥这个喜欢听八卦的人，也凑过来听姚医生"算命"。

"你看小周叫周纯，你女儿叫梁洁，他们俩的名字可以组成'纯净'这个词汇,说明他们的感情是很纯洁的!"说完这句类似相声里"包袱",姚医生自己也忍不住笑起来了。阿德哥也跟着哈哈大笑起来。刘怡梅也"噗"的一声,破涕为笑,她被姚医生说服了。

阿德哥一边走开,一边又在唱了:"……喜的是今日能够重相会,悲的是美满姻缘被拆开……"阿德哥又把越剧《梁山伯与祝英台·楼台会》的唱词,移花接木地用到了这里。

"要死啦!你这个'十三点'!"刘站长吼了起来。姚医生和阿德哥都被吓了一跳。

"对不起,唱错了。"阿德哥嬉皮笑脸地说道。此时不是他的口头语"没有事体"了。但他不会生气,一则确实他用词不当,不过他就这点文化水平,他的"底蕴"就是在戏曲的唱词里寻找"答案"。二则上海方言里的"十三点"与北方话里的"二百五"的意思差不多,但"十三点"一般都出自上海女人之口,如果一个上海女人被别人骂"十三点"是一种耻辱,是不正经的代名词,而如果男人被女人骂"你这个十三点",男人不但不会生气,而且还有一种关系亲密的意思。阿德哥知道只要他在刘站长面前认错,就算过去了,这些年他们之间的关系就是如此。

姚医生也为自己的学生找到理想的伴侣而高兴,客观上她成为他们的"月下老人",尽管他俩是自由恋爱的。

二十

转眼间已是10月中旬了,是江南一带的金秋季节。今天海阳集团的徐超董事长委托朱总安排一次特殊的旅游。朱总的叔叔朱秀谦是一家国际旅行社的总经理,也是一位很有社会责任感的企业家。他在组织退休职工旅游方面做出了品牌,但对带有残疾的老年人的旅游,是还没有开发过产品。一次与朱总在家族聚会中无意中谈起此事,与朱总一拍即合,两人准备共同开发这项旅游产品。今天是带有试验性质的一次实践,由海阳集团与旅行社共同承担所有的费用,因此,选择怎样的客人倒也很有讲究。他们把这次旅游定为杭州二日游,在杭州住一宿,让食、宿、行、游、购、娱等所谓旅游六要素都得到体验。

为了不影响受邀者的工作,这次旅游放在双休日。受到邀请的有宋建良、陈颖夫妇,他们是作为有残疾的老人的代表人物选到的。为了表示亲属共同享受,郭星浩、宋春芬以及郭松滨一家也被邀请入列。作为CCHC

体系社区和小区的代表,孙际平总经理、倪磊主任、刘怡梅站长和林忠德也被选入,以便从他们工作角度提出意见和建议。姚彩琴医生作为随团医生也被邀请,这是老年旅游的必备条件之一。Y区CJW社区的李书记是徐超的好朋友,他受到徐超的特别邀请,作为党委和政府的代表应邀前来进行调研。F大学社会学系的毛教授和他的学生周纯作为海阳集团课题的合作者,也登上了旅行的车。楼宇科技研究会的雷秘书长、章和玲副秘书长,他们是与海阳集团合作编制《CCHC标准1.0》的主要组织者和编写者,所以也自然受到邀请,在《标准1.0》中还没有这老年旅游专门的章节,如果今后编写《标准2.0》就可以有了新的篇章。受到邀请的还有同利建材集团的成俊总经理和于强副总经理。郭景武、张燕霞夫妇由于与老宋家和雷秘书长有着特殊的关系,也以随行老人实验参与者的身份参加该团,路上姚医生和毛教授他们将对他们进行测试,取得相关的数据。朱秀谦和朱蕙群叔侄当然在列。朱蕙群还告诉徐超、朱秀谦,梁洁和她父亲梁嘉生的情况,既然都是海阳CCHC体系的参与者,那就让他们也来吧!朱秀谦自己亲自担任了领队,选择了最好的导游潘平和最优秀的大巴驾驶员

罗庆。

早晨大巴先到春蕾小区接上宋建良、陈颖夫妇等人,再开到C区把等在那里的郭景武、张燕霞夫妇和雷秘书长等接上车,朱秀谦和朱蕙群叔侄确认了该到的人都到齐了以后,就嘱咐罗庆可以直奔杭州了。导游潘平也开始"登台"表演了。他代表海阳集团和旅行社向所有的旅客表示热烈的欢迎,同时按照惯例说一些旅客应该注意的事项,接下来他也表示本次旅程有与以往不同旅客和事项,希望大家随时提出要求和建议。

一路上,各人结伴与自己谈得拢的人交谈,雷秘书长就和老同事郭景武一路欢谈,共同回忆在哈尔滨在那些日子,他们还谈到他们尊敬的黎波涛老局长,后来调到上海铁路局,活了102岁高龄,刚刚去世不久。上海滩著名的女作家王晓玉也曾经是哈尔滨铁路局的职工等话题。他还告诉老郭,咱们工务处侯秘书的女儿小侠和姑爷也在上海定居了,以后可以互相走动走动。徐超则与CJW社区的李书记在讨论,如何将CCHC体系做得更加完备。将近2个小时不到,大巴已经下了沪杭高速公路,进入杭州市区,这才10:00刚过一点。潘导故意卖关子,不告诉大家第一个景点在哪里?因为大巴设施齐全，大伙儿不必立即先进宾馆方便。路上女同胞带了不少食品分发给大家，所以虽然上车较早，大家也不觉得饿。

　　罗庆不愧为老司机，对杭州的交通情况很熟悉，知道怎么避开拥挤的路段。他把大巴开到沿钱塘江的杭海路，又到了之江东路和之江中路，也不知转了几个弯，穿过了一座名为"万松岭隧道"就到了一条名为"玉皇山路"的公路，沿着盘山公路，一会儿就到了玉皇山顶的停车场。众人下了车，潘导告诉大家，玉皇山是同时观看西湖和钱塘江最理想的观赏点，这个景点有300多米高，没有汽车是很难自己爬上来的。我们旅行社的朱总特地安排这里作为第一个景点，是让大家看看杭州的巨大变化，尤其是G20在杭州召开，大家发现钱塘江沿岸的变化特别大。老宋由阿德哥推着轮椅，与一些年龄较大的客人，进了茶室，沿窗坐下。这里的视野确实是好，俯瞰西湖一目了然，湖光山色尽收眼底。老宋对亲家公和雷秘书长说："我是做梦也没有想到，还会有机会爬到玉皇山顶看西湖啊！"此时，梁洁、周纯和郭星浩、宋春梅他们已经爬到山顶的挂有"玉皇飞云"牌匾的亭子去眺望沿钱塘江两岸的G20和B20的会址去了，由于树叶阻挡的原因,只能隐隐约约地看到规模和体量都很壮观的建筑群,但仍旧感到很震撼。他们回到茶室告诉老人们他们看到的情景,老宋感到很羡慕,觉得自己已经不能像他们一样"更上一层楼"了,有点遗憾。此时,郭景武从手提包里拿出一本书,把封面对着老宋说道:"这就叫《幸福相对论》!"然后转过脸来对雷秘书长神秘地一笑。

"这本书能给我看看吗?"老宋请求道。老郭头捂着书一转身说:"我自己还在看呢!"又指着雷秘书长对宋说:"是我的雷老弟写的散文集,里面还有关于我的故事!"老宋对着雷秘书长笑了一笑:"是你写的?"雷秘书长点了点头。"你是科技人员还能写散文?"老宋脸上露出惊奇的表情,因为他也是科技人员,以前的知识分子文理是分得很清的。

"他还不止写了一本呢!"老郭接着又从包里拿出另外一本书《幸福就在当下》递给老宋,他对着亲家公说:"喏!'幸福就在当下',好好享受吧!"他说了一句双关语。

老宋接过书一看,也是雷秘书长写的。"好!我一定好好拜读!"他对雷秘书长说道。

"请多多指教!"雷秘书长回答。

雷又问郭:"你怎么都带来了?"

"没有,《幸福永伴你我他》放在上海了。"老郭说道,"这本书我是借给他看的。"他指指老宋。

午餐大家在玉皇山顶餐厅品尝了全席素斋,确实在鱼肉为主的生活里,素斋也别有风味。饭后大巴下山,大家看到了一块用不同颜色的植物拼成的八卦图案,潘导告诉大家,这叫八卦田。也算玉皇山的一景,说明玉皇山是道教文化的景点。下了山,先经过万松岭,只听见阿德哥在说:"万松书院就是梁山伯与祝英台读书的地方!"阿德哥的话题都与戏曲相关。看到"万松岭"就联想到"万松书院"。

午饭后经过一个叫以泉水出名的"虎跑"景点,连续穿越几座隧道,只听潘导如数家珍在说:"万松岭隧道、九曜山隧道、五老峰隧道、吉庆山隧道能让我们的车从钱塘江边直通灵隐寺。"说话间就到了灵隐,老人们无论信不信佛,总要到大雄宝殿去瞻仰一下释迦牟尼佛的塑像,年轻人一溜烟就跑到对面的飞来峰石窟去了,去看大肚子弥勒佛,为自己的幸福许下美好的祝愿。

毕竟是老年人旅游，朱总今天就安排两个旅游节目，车就从龙井路拐到杨公堤，再到南山路进入雷峰塔下的西子国宾馆。这不是G20时，习近平夫妇宴请各国贵宾的地方吗？当时大家只能在电视中想象里面的场景，没想到今天自己也住了进来。这里的自然景色确实是优美，宾馆背后有号称"雷峰夕照"的山，面临西湖，三潭印月就在不远的地方。各人住进自己的房间后，都迫不及待地跑到了湖边。毕竟是国宾馆，没有太多的游客，更加显得悠闲。雷秘书长以前在铁路系统工作时，陪外宾到这儿住过，他发现房子外形变化不大，但里面的设施已经更新换代了。后山上的桂花树飘来阵阵清香，沁人肺腑。傍晚附近的净慈寺传来"当、当"的洪亮钟声，这就是"南屏晚钟"了，真是富有诗情画意的意境。接着大家就进餐厅吃晚饭了。这里的菜肴保持了杭州风味，但似乎有点改良，大概是为了适应各地的来客，大家众口称誉。

二十一

晚饭后，年纪稍轻的人，都随潘导去杭州市内一条叫河坊街的仿古商业街游玩了，老人们多半留在自己的房间里，看电视或者聊天。尤其是老宋被姚医生要求10点前必须睡觉。

雷秘书长与老郭被安排在同一个房间，这也是他俩主动要求的。张燕霞则与外孙松滨住在一个屋子。没有老伴的"干预"，老兄弟可逮着"彻夜长谈"的机会了。雷秘书长告诉老郭，这里以前是中央顶级首长下榻的地方，叫汪庄，还有一个在西里湖，叫刘庄。毛主席住在那里时间多一些，后来就对外开放了，不过一般人进来住宿的机会也不多，毕竟是国宾馆。

然后雷晓峻谈起了杭州申请世界遗产过程的波折。他问老郭："苏州和杭州哪里漂亮？""那还用问，自然是杭州！"因为以前是铁路员工，一般地方老郭都去过。

"可是苏州申请世界文化遗产成功比杭州早了12年！"老雷说道。

"是吗！为什么？"老郭觉得不可思议。

于是雷老弟就给郭老兄讲起了理由："杭州之所以没有在较短的时间里获得世界遗产委员会的批准，与联合国教科文组织制订的《保护世界文化和自然遗产公约》指导思想方法有很大的关系。他们把世界遗产分成三种：文化遗产、自然遗产以及文化自然双重遗产。苏州园林等明显的是人类的创造，所以早早就获得批准为文化遗产。杭州虽然有山有水，但把杭州西湖的景观及其文化拆开来，它每样都有一点，没有一项具有鹤立鸡群的气势。因此申遗的事情就这样拖延下来了。"

"你讲的有点道理。"老郭说道，"后来呢？"

"文化景观"这一概念是联合国有关组织后来提出的概念，是指"自然与人类的共同作品"。杭州人认为用"杭州西湖文化景观"的名义申请世界文化遗产才是最确切的。于是他们把各种元素进行交叉、整合，归纳成 五大类组成要素：秀美的自然山水、独特的"两堤三岛"、"三面云山一面城"的景观整体格局、著名的系列题名景观"西湖十景"、内涵丰富的十处相关重要文化遗存，再加上历史悠久的西湖龙井茶园。并称其"具有丰富的历史文化内涵、独特的审美特征以及突出的精神价值"。就此他们的申请才最终获得世界遗产委员会的批准。雷晓峻一口气说了一大堆话。

"你给我说这些,大概有其他的含义吧?"知弟莫如兄。

"我是将杭州西湖在比喻居家养老。"老雷说道。

"这二者风牛马不相及,你怎么把它们扯在一起?"

"有相似处。"雷接着说。

"居家养老是大家公认最理想的养老方式,如今有各种好的方式,但居家的老人们有许多实际问题自己无法解决。在我们上海,人们创造了许多好的办法,如'时间银行'、'长者照护之家'、'社区为老服务中心''为老人送餐',还有'医养结合的试点'等等,但是这些好的方法,单独运用,总有这样那样的不足,如果将它们整合起来,形成制度、规范,乃至标准,很可能就是一条有效的出路。"雷秘书长又说了一通。

"你的意思就是《CCHC标准1.0》整合了上述好的经验啦?"毕竟是老法师,老郭很快悟出了老雷话中的内涵。

"对的。"雷晓峻发现老郭听懂了他要表达的意思,感到很高兴。

"很有哲理，我们铁路运输系统不就是'机（火车头）、车（运输、调度）、工（线路、桥梁）'、电（通信、信号）、辆（车辆）五个子系统共同协作的吗？他们之所以能够有机地配合，正是有了一本大家共同遵循的《铁路技术规程》。"老郭说道。"《CCHC标准1.0》就是运用制订《铁路技术规程》的同样思路吧？"

"到底是干过铁路的，对系统工程的理解特别深刻。"雷晓峻很高兴，他遇到了知音。"就像扑克游戏有多种多样，但无论是打40分，还是'斗地主'，里面都有许多技巧，如'清野坚壁法'、'投入法'等等，这些桥牌里都有，它包括了所有扑克游戏的技巧，还有专门《桥牌谱》书籍出版，这就是桥牌的'标准'。"为了能让老郭理解，老雷居然把他俩之间彼此最熟悉的东西也搬出来了。所谓"心有灵犀一点通"，大概就是这个意思。

那晚他俩谈得很晚很晚。出去夜玩的年轻人也回来得很晚，他们又是逛街，又是品尝小吃，又是购买土特产，满载而归。

第二天早晨，姚医生先去给老宋作常规检查，并通过宾馆里的WIFI，用手机把有关数据发回了电话总机后台,让她们做处理分发给相关单位。

西子国宾馆的自助早餐很有特色,除了其他宾馆有的,还有几道当地点心尤其受欢迎,如粢饭糕、小粽子、豆腐脑之类,也会在宾馆的早餐中出现,这些食品让从上海来的客人尤其高兴。

早饭后,潘导把大家领到钱塘江北岸一处有巨大一个金色球形的建筑和一个银色月牙形巨大建筑的地方,据潘导说它们代表太阳和月亮,意味日月同辉,它们分别是杭州国际会议中心和杭州大剧院。这次G20的工商会议B20就在球形建筑——杭州国际会议中心里召开的。大家就在两座建筑之间的广场上拍了一些照片,以前经常来杭州的雷秘书长也觉得杭州发生了翻天覆地的变化。

随后潘导说要带大家去一处估计他不曾到过的好地方——云栖竹径。这是在九溪背后,邻近出产龙井茶叶的名地梅家坞,从五云山山脚通往半山腰的一条曲径。小径用青石板铺就,石板两侧是小块石镶边,弯弯曲曲通向远方。而曲径的两边山坡则是翠绿挺拔的毛竹。高大的竹枝带着悠悠竹叶节节地张开,就像把这条弯弯的曲径夹起来似的。人一走上这条被称为"竹径"的小

路，就会产生一种幽雅的感觉。陈颖在老年大学里学过国画，她发现画稿上竹子的千姿百态好像在这条路的两侧都可以看到。不论你是否会吟诗作画，一到此地，都会产生一种艺术创作的欲望。好在大家都有随身带的手机，急着要把这诗情画意的意境摄入画中。走着走着，几个弯道，几个亭子，一块纪念修路的石碑已经告诉您：你已走完1300多米的山路。这时您方才发现不少时间已经过去。走进置于曲径终点的茶室，有的用山泉冲上一杯绿茶，有的吃上一碗西湖藕粉垫饥，坐在藤椅上小憩，真是一种莫大的享受啊！老宋坐着轮椅在阿德哥和女婿郭星浩以及梁嘉生的帮助下，也胜利到达终点。大家也感谢老朱总精心地安排了这么一个游人稀少而又如此优雅的景点。返程中经过梅家坞，雷秘书长等老茶客也买了一点正宗的龙井茶叶。

随后大家驱车到位于白堤上的楼外楼饭店，在这座取名于诗句"山外青山楼外楼"的百年老店里，大家品尝了诸如"炸响铃"、"叫花鸡"、"宋嫂鱼羹"等最地道的杭州菜肴，大家还共同举杯感谢海阳集团和旅行社的盛情招待。饭后，一行人又在饭店前的码头下船，乘手划船去游湖，潘导让司机罗庆先开着大巴回宾馆等候。老宋的轮椅也随车捎回。老宋几乎是被阿德哥抱上船的，当然小辈们也来"保驾"老宋。今天的天气真好，秋高气爽，阳光和煦。坐在船上听船夫介绍风景看点和典故，吃着零食，喝着茶水，伴着身边湖光山色的美景，真是惬意极了。"水光潋滟晴方好……"老宋忍不住背诵那首脍炙人口的诗篇来了。自从中风以来，大家还没有看到他如此开心过。到了小瀛洲、湖心亭等景点，年轻人都上岸游览一番，老年人就在船上闲聊休息了。老宋悄悄地对坐在对面的亲家公说道"幸福就在当下。"老郭一听哈哈大笑。旁边的人们都觉得莫名其妙。当船靠近西子国宾馆，司机老罗已经推了轮椅在岸边等候了。大家就在这里上岸，原来有规定，西子国宾馆的旅客只要有房卡，他的游船就可以在此靠岸。

短暂又充实的旅行转眼就结束，返程回上海了，大家都觉得很满意，尤其是老宋，这位本次旅游的"被测试者"，他的健康与否关系到试验的成功与否。姚医生说，老宋一切正常，大家都鼓起掌来了。当车接近上海时，海阳集团徐超董事长站起来讲了一段话："感谢大家参加试验，我们的'CCHC居家养老模式'能够走到今天的程度，全靠包括在座各位的支持和帮助。这不是客套话,你们看这个车厢里的各位就是CCHC体系的组成人员,缺一不可,而且形成了一条产业链。"于是倪磊主任还真的站起来一看,可不是吗?徐董接着说,他指着CJW社区的李书记说:"我虽然不是党员,但我深深地感觉到,在中国搞居家养老,没有党的领导,政府引导是搞不起来的。所以我非常感谢从中央到上海市,再到Y区和的CJW社区党政领导这些年来对我们的支持和帮助……"他动情的演说,获得大家热烈的鼓掌。"最后我也要祝愿大家:'幸福永伴你我他',谢谢大家!"说着话,他看着雷秘书长,神秘地向他笑了一笑。

微友评议摘录

傅雅君：用心地看了一遍。我国的养老服务是刚刚开始，还在摸索中，这么大一个国家，这么多的老人需要解决养老问题，的确很难。所以从国家到地方，采取各种形式来试点，这是好事情。总有一天，我们也像发达国家一样，让老年人在失去自理能力的时候，不再完全依靠自己的小辈，而把自己交给养老机构。

夏　萍：居家养老问题，当下面临着诸多的困境。不说60岁吧！就谈临届70岁的老人，能动弹，在外可走走，那还有一定的生活质量。就是长期卧床的老人，靠谁来护理呢？独生子女还在社会拼搏，他们还有孩子学习读书，压力很大，养老不能指望他们。当下我们将步入需要他人来照顾的年龄了，却还在承担照护孙辈沉重的责任！全护理，高质量的养老院，收费相当高昂，这不是一般市民能够承担得起的价格，问题很现实，解决很尴尬。普通老百姓只能抱着"船到桥头自会直"的心态，到时候再说吧！

章杏波：作者从朋友圈内老宋家的居家养老遇到的难题着手，连续数天撰文，情真意切，详细描述，引人关注。……关键是政府这双大手的支持。但愿CCHC居家养老模式在中华大地遍地开花结果，造福广大老人。

徐佩珍：集居家、社区、机构养老三位一体融合功能，难度够大，加上居民观念的冲突，难度更大。

王伟兰：养老产品开发很有前途，现在开发出的电动床，可帮助瘫痪病人翻身等，也很实用！徐汇区枫林街道有一家爬楼机公司，爬一次楼收费2元。

陈国梁：文章使我对目前正在逐步实施的新颖居家养老模式有了一个初步的了解。上海确实应该走在全国的前列，勇当排头兵。近几年候鸟式去海南避冬，也看到全国各地的老人越来越多地在寻找适合自己生活的养老方式。以占老人绝大多数的97%的人群来讲，居家养老事业是一个大问题，也是一个大的行业。各级政府越来越重视起来。我本人也是75岁的老人了，当然也越发注视这方面的信息和动向。你的这篇文章恰逢其时，饶有兴趣地看完一遍又一遍。

陈秀娣：那天帮爸爸、妈妈打印您发给他们的文章,顺便看了一下。谁知看了个开头就一发不可收拾,一口气把几十页的文章都看完了。文章太令人激动了,让政府及小家庭都感到棘手的养老困境有出路了。文章中提到的"时间银行"等理念真的很合理,自己为自己的时间做储蓄,分担晚辈及社会的压力。在文章里也看到了不少商机。您的大局观好厉害!用扎实的写作功底,把一个学术性的课题,以小说的形式娓娓道来,丝丝入扣,引人入胜,完美!记得小时候受的教育是长大做一个对社会有用的人,您就是身边的好榜样!

郭玲春:在养老日渐为国人重视的今日,居家养老必然是重要的议题。我原以为你是做社会调查而后推出的报告,现在知道是以小说的方式与各界探讨。不知往后的发展将会怎样?我盼望着能付诸行动,因为这也是我十分向往,甚至准备在我家族中试行的一项"工程"。

"殷示黎":谢谢分享你的文章!从朋友间的寻常出游娓娓道来,由浅入深说了养老现状引导经济学受益匪浅。

许利利:每天看钱同学的《居家养老解困记》好似身临其境跟着小说的进展一同喜怒哀乐,而又不同于一般小说。养老确实是当前社会一大难题,钱同学的这篇小说指出了养老模式,如能普及就好了。

汪　川:为钱平雷同学的小说《居家养老解困记》叫好!他开创了科普作家写小说的先河。小说有人物,有情节,有结果。故事一波三折,跌宕起伏,柳暗花明,有惊无险,结果皆大欢喜。读来引人入胜,亲切温馨。不乏为一篇好小说。

倪纪芬:一天一集钱同学的《居家养老解困记》读完了。小说第一集就设置了一个悬念,宋老先生该怎么办?在上海像宋老先生这样的家庭是很普遍的,老两口和子女分开住,老人没病没灾时,大家平安地过着小康生活,但凡有一个生了病,特别是这种生活无法自理的病,那一家人的生活就乱了套,而且还真不是有钱就能解决的问题。所以宋老先生何去何从让人牵挂,因此读了个开头就被吸引住了,非得知道个结果不可。接下去的连续几集都详细描述了宋春芬夫妇如何无可奈何,着急,最后找到了海阳集团,把父母安排进了CCHC体系的"网上养老院",让宋老先生的养老问题得到了完满的解决。小说的引子是解决宋老先生的养老问题,而实质的看点是海阳集团创办的CCHC体系,这种全新的高质量的居家养老模式,它完全颠覆了人们对养老院的偏见，打破了进养老院是无可奈何之选择的观念，解除了一旦生活自理有困难时的后顾之忧。它能满足老人生活的全部需求，既不游离于上海老人的生活习惯，又不收取高额的费用，老人加入这样的"网上养老院"，定能身心愉快，早加入早享福。尤其是上海将出现由独生子女组建的小家庭，需照顾四位甚至更多位长辈的困境的局面，有了这样的养老服务组织，必将减轻小家庭负担，对安定团结起到了积极作用。希望这种养老模式能及早遍及全市。谢谢钱同学的大作为我们老年人带来了福音。

钱平天：平雷试图用小说这一文学形式演绎当今政府已经面临的重大社会问题：养老的困惑。这是由中国人的寿命高速延长和独生子女政策的负面效应所致。我查过许多明清和民国时代文人的寿命，五十往上即自称为"翁"，超六十岁已属长寿，七十以上就是"古稀"。与如今"年过八十不稀奇"概念完全不同。在庆幸时代进步之余，如何使老年人安度晚年确实成了众所关心的社会热点。平雷擅长短篇杂文和科普类文章，这次大胆采用小说的形式探讨和讨论居家养老这个颇为复杂且难以文艺化的课题，虽稍欠小说的娱乐性和趣味性，却有益于推动社会的进步，表现出作者一种社会责任感和知难而上的勇气！

周　吉：找时间认真拜读，这正是我们研究的课题。

薛成宇：文章让大家提前了解我们现在相关规划工作，以便以后整合资源。

侯馨岳：读完你的《居家养老解困记》，仿佛上了一堂居家养老科普课，对什么是CCHC居家养老模式，什么是三级网络、四级平台、五位一体的养老供给体系、保障体系等等，有了一些了解。用小说写科普文章对你来说是一个挑战。随着主人公郭老养老困境的解决，使人眼睛一亮，CCHC适老房装修工程使郭老能住进这么安全、温馨、智能的房子，享受几乎完美的服务，是皆大欢喜的事情。大结局郭老康复得很好也就顺理成章了。祝贺你写成这一新颖的小说，期待老同学有新的作品问世。